明永樂内府本四書集注大全

第七册

明 胡廣等撰

中國國家圖書館藏明永樂十三年内府刻本

山東人民出版社·濟南

論語集註大全卷之十七

陽貨第十七

凡二十六章

陽貨欲見孔子。孔子不見。歸孔子豚。孔子時其亡也而往拜之。遇諸塗。（歸如字一作饋）

陽貨季氏家臣名虎。嘗囚季桓子而專國政。（左傳定公五年季平子卒。既葬。陽虎囚季桓子）欲令（平聲）孔子來見己。而孔子不往。（葉氏少蘊曰。虎與南子異。南子君夫人。可以見。而虎可以不見也）貨以禮大夫有賜於士。不得受於其家。則往拜其門。故瞰（苦濫反）孔子之亡而歸之豚。欲令孔子來拜而見之也。（朱子曰。貨之歸豚。蓋以大夫自處謂孔子曰。來。予與爾言。曰懷其寶而迷其邦。可謂仁乎。曰不可。好從事而亟失時。可謂知乎。曰不可。日月逝矣。歲不我與。孔子曰。諾。吾將仕矣。（好亟知並去聲）

懷寶迷邦。謂懷藏道德。不救國之迷亂。亟。數（音朔）也。失時。謂不及事幾（平聲）之會。將者。且然而未必之辭。（新安陳氏曰。將之一字。其辭活。其意婉。不輕絕之。亦未嘗輕許之。聖人之遠小人。所以不惡而嚴也）貨語皆譏孔子而諷使速仕。孔子固未嘗如此。而亦非不欲仕也。但不仕於貨耳。故直據理答之。不復（扶又反）與辯。若不諭其意者。（慶源輔氏曰。君子未嘗不欲仕。曰吾將仕矣。此所謂據理而答之也。不復與辯者。不與辯己固未嘗如此。亦非不欲仕。直不可仕於貨之意也。蓋陽虎雖暴戾。然其與夫子言。亦未嘗悖違乎理也。曰懷寶則貴之矣。曰亟失時。則惜之矣。曰仁曰知。則亦嘗聞其說而非憯然全不曉矣。此固聖人盛德之容儀有以感之。故夫子亦據直理答之。若夫聖人之心事。則非虎之可知而可語也。○陽貨之欲見孔子。雖其善意。然不過欲使助己爲亂耳。慶源輔氏曰。觀懷寶失時之語。有愛敬聖人之心。知其爲善意。然意欲其助己耳。故孔子不見者。義也。其往拜者。禮也。必時其亡而往者。欲其稱去聲也。遇諸塗而不避者。不終絕也。隨問而對者。理之直也。對而不辨者。言之孫去聲而亦無所詘與屈同也。新安陳氏曰。言遜則易詘。惟聖人能遜言而無所詘。○問陽貨瞰亡。此不足責。孔子亦瞰亡。不幾於不誠乎。朱子曰。非不誠也。彼以瞰亡來。我亦以瞰亡往。一來一往。禮甚相稱。但孔子不幸遇諸塗耳。○吴氏曰。小人行事。君子豈得效之。非謂禮尚往來。欲其相稱。不往不可。往拜則墮小人之計。故權衡如此。又曰。不見。正也。往拜。權也。隨問而答。辭順禮恭。在此無詘。而在彼亦無所忤也。貨天資小人。術既狡深。語皆機警。而夫子雍容應之。曲盡其道。貨終無所施其姦也。非聖人而能若是乎。○慶源輔氏曰。聖人之事。雖縱横曲折。千條萬緒。然無非義理之當然。不自往見者義也。其往拜者禮也。不終絶者仁也。隨問而答對而不辯者知也。四者一出於誠信也。只此一事而五性具焉。夫然後見聖人之全德。

楊氏曰。揚雄謂孔子於陽貨也。敬所不敬。爲詘身以信與伸同道。非知孔子者。揚子法言。或問聖人有詘乎。曰。有。曰。焉詘乎。曰。仲尼於南子。所不欲見也。於陽虎。所不欲敬也。見所不見。敬所不敬。不詘如何。或曰。衛靈公問陳。則何以不詘。曰。詘身將以信道也。如詘道而信身。雖天下不可爲也。蓋道外無身。身外無道。身詘矣。而可以信道。吾未之信如字也。朱子曰。虎是惡人。本不可見。孔子乃見之。亦近於詘身。却不知聖人是禮合去見他。不爲詘。到與他說話時。只把一兩字答他。辭氣温厚而不自失。非聖人斷不能如此。○或問此章之說。曰。觀夫子所以告微生畝。與夫辨長沮桀溺之語。則聖人之自言未嘗不正其理而明辨之也。至於告陽貨。則隨其所問應

答如響而略無自明之意則亦是陽貨之懸有不足告而姑孫辭以答之然味其旨則亦無非義理之正與其
中心之實然者則是初未嘗詘也胡張之說善矣○胡氏曰揚氏謂孔子於陽貨爲詘身以信道雄之意蓋以
身與道爲二物也是以其自爲也黽勉莽賢之間而擬論語周易以自附於夫子豈不謬哉○南軒張氏曰陽
貨見孔子一節不只是遜詞答他道亦在其中懷其寶而迷其邦固不可謂之仁我却不是迷其邦好從事而
亟失時固不可謂之知我却不是亟失時日月逝矣歲不我與我又却不是不仕只是我仕時却與你別聖人
之言本末備具○勉齋黃氏曰日月逝矣歲不我與蓋謂夫子既老可以有爲之日月已過矣歲運而往其去
甚速豈復與我而爲我少緩乎是亦諷使速仕也○問陽貨欲見孔子孔子不見至於公山弗擾以費畔召子
欲往夫陽貨與此人皆一時叛臣孔子不見陽貨而欲見此人何也潛室陳氏曰聖人道大德宏無可無不可
雖是惡人苟其一時意向之善交際之誠聖人無不與者陽貨則見之之意不實交際之禮不誠故孔子不欲
見之孟子曰苟善其禮際斯君子受之矣○雲峯胡氏曰此一事耳而見聖人一言一動無非時中之妙陽貨

欲見孔子而遽見之非中也既有餽而不往拜之非中也不時其亡則中小人之計非中也不幸遇諸塗而又避之則絶小人之甚非中也理之直者其辭易至於不遜非中也辭之遜而或有所詘非中也聖人不徇物而亦不苟異不絶物而亦不苟同愈雍容不迫而愈剛直不詘此其所以爲時中之妙也

○子曰性相近也習相遠也

此所謂性兼氣質而言者也氣質之性固有美惡之不同矣然以其初而言則皆不甚相遠也但習於善則善習於惡則惡於是始相遠耳○程子曰此言氣質之性非言性之本也若言其本則性即是理理無不善孟子之言性善是也何相近之有哉朱子曰性相近是氣質之性若本然之性則一般無相近○性是天賦予人只一同氣質所稟却自有厚薄人有厚於仁而薄於義餘於禮而不足於智便自

氣質上來○先有天理了。却有箇氣。氣積於質。而性具
焉○質並氣而言。則是形質之質。若生質。則是資質之
質○天命之性。若無氣質。却無安頓處。如一勺之水。非
有物盛之。則水無歸着。○稟得木氣多則少剛強。稟得
金氣多則少慈祥。推之皆然○孔子言性。雜乎氣質言
之。故不曰同。而曰相近。蓋以爲不能無善惡之殊。但未
至如所習之遠耳○天命之謂性。則通天下一性耳。何
相近之有。言相近者。是指氣質之性而言。孟子所謂犬
牛人性之殊者。亦指此而言也○南軒張氏曰。原性之
理。無有不善。人物所同也。論性之存乎氣質。則人稟天
地之精五行之秀。固與禽獸草木異。然就人之中不無
清濁厚薄之不同。而實亦未嘗不相近也。不相近則不
得爲人之類矣。而人賢不肖之相去。或相倍蓰。或相什
百。或相千萬者。則因其清濁厚薄之不同。習於不善而
日遠耳、習者。積習而致也。善學者克其氣質之偏。以復
其天性之本。而其近者亦可得而一矣○慶源輔氏曰。
性之本。謂不兼乎氣質而言之者也。既不兼乎氣質。則
純以理言耳。理則天地人物一而已矣。何相近之可言
哉○雙峯饒氏曰。此章程子專以爲氣質之性。朱子以
爲兼氣質而言。兼字尤精。蓋謂之相近。則是未免有些

不同處不可指爲本然之性然其所以相近者正以本然之性寓在氣質之中雖隨氣質而各爲一性而其本然者常爲之主故氣質雖殊而性終不甚相遠也此是以本然之性兼氣質而言之非專主氣質而言也問如何見得性相近曰如惻隱羞惡人皆有之然有惻隱多於羞惡者亦有羞惡多於惻隱者雖不盡同亦不甚相遠故曰相近○吳氏曰習與性成言性習始此中人上下之質相去本不甚遠唯習於善則日造乎高明習於惡則日淪乎汙下以是而相遠耳上知生知安行何事於習下愚習於惡則有之習於善則無矣上知下愚相去遠矣又豈待習而然哉○雲峯胡氏曰伊尹曰習與性成是專主氣質而言習如此性之成也遂如此所以言性在習之後夫子曰性相近習相遠是兼氣質而言性如此而習則未必皆如此所以言性在習之先若論天命之性則純粹至善一而已矣不可以相近言此所謂性者兼氣質而言也天命之性不離乎氣質之性其初猶未甚相遠蓋天命之性猶未漓也赤子之生無有五方其聲一也性之相近也如之長則言語不通飲食不同有至死莫能相爲者習之相遠也如之○新安陳氏曰人有此形則有此心有此心則稟受此理性者心

中所稟受之理也。纔說性字則已寓於氣質中矣。非氣質則性安所寓乎。性善以天地之性言。非天地之性懸空不着乎氣質而自爲一物也。就氣質中指出天地本然賦予之理不雜乎氣質而言之耳。然天地之性。雖不雜乎氣質。亦不離乎氣質。孟子之言性善。指其不雜乎氣質者言之也。乃是純言天地之性也。孔子之言性相近。以其不離乎氣質者言之也。乃是兼言氣質之性也。兼云者。言本然之性夾帶言氣質之性也。朱子有云。孔子雜乎氣質言之。雜即兼也。輔氏饒氏推集註兼氣質而言之說。終欠透徹。不得已而發此云

○子曰。唯上知與下愚不移。知去聲

此承上章而言。人之氣質相近之中。又有美惡一定。而非習之所能移者。慶源輔氏曰。二章相承。此必一時之言 ○程子曰。人性本善。有不可移者何也。語其性則皆善也。語其才則有下愚之不移。新安陳氏曰。程子此言才字與孟子言天之降才不同。孟子以理言。程子以氣言也

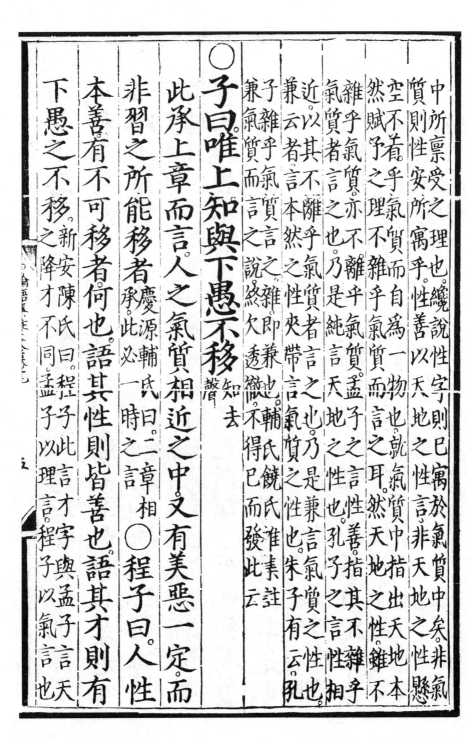

所謂下愚有二焉自暴自棄也人苟以善自治則無不可移雖昏愚之至皆可漸子廉反磨而進也惟自暴者拒之以不信自棄者絕之以不爲朱子曰拒之以不信只是說沒這道理絕之以不爲是知有這道理自割斷了不肯做自暴者有强悍意剛惡之所爲自棄者有懦弱意柔惡之所爲也雖聖人與居不能化而入也仲尼之所謂下愚也然其質非必昏且愚也往往强戾而才力有過人者商辛是也史記帝乙之子辛即帝紂資辯捷疾聞見甚敏材力過人手格猛獸○新安陳氏曰如商紂强足以拒諫智足以飾非固非懵然昏愚往往爲戾氣所蔽錮而不可與入於善耳聖人以其自絕於善謂之下愚然考其歸則誠愚也朱子曰性相近是通善惡智愚說上智下愚是就中摘出懸絕者說○問集註謂氣質相近之中又有一定而不可易者復舉程子無不可移之說似不合曰

且看孔子說底却自有不移底人。如堯舜不可爲桀紂。桀紂不可使爲堯舜之類。程子却又推其說。須知其異而不害其爲同。○習與性成。而至於相遠。則固有不移之理。然人性本善。雖至惡之人。一日而能從善。則爲一日之善人。豈有終不可移之理。○以聖言觀之則曰不移而已。不曰不可移也。以程子之言考之。則以其不肯移。而後不可移耳。蓋聖人之言。本但以氣質之禀而言其品第。未及乎不肯不可之辨也。程子之言。則以禀賦甚異而不肯移。非以其禀賦之異而不可移也。○問程子謂語其才則有下愚之不移。與孟子非天之降才爾殊。如何。曰。孟子說與程子小異。孟子專以發於性者言之。故以爲才無不善。程子兼指其禀於氣者言之。則人之才固有昏明強弱之不同矣。以事理考之。則程子爲密。蓋才禀於氣。氣清則才清。氣濁則才濁。如后稷自幼而岐嶷越椒自幼而惡。是氣禀如此。孟子謂盡得才之善固是好。必竟氣禀有善惡不同。後人看不出。所以引惹得許多善惡混等說來。自濂溪太極圖始說陰陽五行之變不齊。二程始因其說推出氣質之性來。○雙峯饒氏曰。善底性不肯移而爲惡。惡底性不肯移而爲善。肯不肯雖屬心。其所以肯不肯者才實爲之也。又曰。性相近。是說性。上知下愚。是說才。善惡。性也。知愚。才也。性雖相近而才之等級不齊。有相去甚懸絕者。才既懸絕則性亦非習之所能移矣。○吳氏曰。下愚。以質言。自暴自棄。以人事言。質雖可移而自不移者。暴棄之謂也

或曰。此與上章當合為一。子曰二字蓋衍文耳

○子之武城聞弦歌之聲

弦。琴瑟也。時子游為武城宰。以禮樂為教。故邑人皆弦歌也

夫子莞爾而笑曰。割雞焉用牛刀莞華版反焉於虔反

莞爾。小笑貌。蓋喜之也。因言其治小邑何必用此大道也

子游對曰。昔者偃也聞諸夫子曰。君子學道則愛人。小人

學道則易使也易去聲

君子小人以位言之子游所稱蓋夫子之常言言君子小人皆不可以不學故武城雖小亦必教以禮樂朱子曰君子學道是曉得那己欲立而立人己欲達而達人底道理方能愛人小人學道不過曉得那孝弟忠信而已故易使也○雙峯饒氏曰君子小人以位言方其學時君子小人猶未分也後來入仕者則用此道以愛人在閭閻畎畝間者亦自知義所以易使

子曰二三子偃之言是也前言戲之耳

嘉子游之篤信又以解門人之惑也○治有大小而其治之必用禮樂則其爲道一也但衆人多不能用而子游獨行之故夫子驟聞而深喜之因反其言以戲之而

子游以正對。故復扶又反是其言而自實其戲也。朱子曰。禮樂之用通乎上下。一身有一身之禮樂。一家有一家之禮樂。一邑有一邑之禮樂。以至推之天下。則有天下之禮樂。亦隨其大小而致其用焉。不必其功大名顯而後施之也。○南軒張氏曰。莞爾而笑者。聞弦歌而喜也。割雞焉用牛刀者。謂其治小以大也。君子學道。則有以養其仁心。故愛人。小人學道。則亦和順以服事其上。故易使。夫子聞子游之語。恐學者疑於前言以寡國小民爲可忽也。故告二三子以子游之言爲是。而謂前言爲戲之。辭氣抑揚之間。豈弟和平。無非教也。○勉齋黃氏曰。弦歌弦且歌也。合樂曰歌。人聲絲聲。皆堂上之樂也。教以弦歌而謂之學道者。使人人習於和平中正之音。以養其心。而所歌之詩。又皆溫柔敦厚。合乎禮義。則自然皆趨於人所當行之道。乃所謂學道也。君子在上者能學道。則知撫乎下矣。小人在下者能學道。則知順乎上矣。上撫乎下。下順乎上。安有不治者乎。○慶源輔氏曰。治之用禮樂。如飢之必用食。渴之必用飲。豈謂小邑寡民。而可以無禮樂爲哉。舍禮樂。則必將專於刑罰。而民無措其手足矣。豈聖學之所尚邪。○厚齋馮氏曰。古之學者。

春誦夏弦。蓋御琴瑟歌詠諷誦之耳。城以武名。乃岩險用武之地。以左傳考之可見。夫習俗尚武。子游乃能以道化其民。使習於禮樂。變甲冑之俗爲弦歌之聲。此夫子所以喜之。而以戲言發實語也。○雙峯饒氏曰。弦歌如何見得是學道。又弦歌是樂。集註如何添禮字說。古者教人。春秋教以禮樂。冬夏教以詩書。纔教便兼詩書禮樂。不應只數以弦歌。春習樂。夏習詩。秋習禮。冬習書。皆因時以爲教。春夏陽氣發達之時。聲屬陽。故教以詩樂。想夫子過武城是春夏時也。聞弦歌。便知其以禮樂爲教。學詩書禮樂。即是學道。○勿軒熊氏曰。子游宰武城之事凡兩見。一以人才爲重。一以道化爲先。皆見其知本。○雲峯胡氏曰。所謂道者。仁義禮樂而已。以禮樂爲教。故上焉教此者。知有撫下之仁。下焉學此者。知有事上之義。

○公山弗擾以費畔。召。子欲往。

弗擾。季氏宰。與陽虎共執桓子。據邑以叛。叛與畔同。○厚齋馮氏曰。公山氏。弗擾名。一云不狃。字子洩。費邑宰也。與陽虎共執桓子。虎敗出奔。弗擾據邑以叛。○左傳定公五年事見季氏篇首章集註家臣屢叛下○十二年仲由爲季氏宰將墮三都叔孫氏墮郈季氏將墮費公山不狃叔孫輒帥費人襲魯公與三子入季氏之宮登武子之臺費人攻之弗克入及公側仲尼命申句須樂頎下伐之費人北國人追之敗諸姑蔑

子路不說曰末之也已何必公山氏之之也說音悅

末無也言道既不行無所往矣何必公山氏之往也

子曰夫召我者而豈徒哉如有用我者吾其爲東周乎夫音扶

豈徒哉言必用我也爲東周言興周道於東方謂東魯○邢氏曰如有用我者我則興周道於東方其使魯爲東周乎○程子曰聖人以天下無不可有爲之人亦無不可改過之人故欲往然而終不

往者。知其必不能改故也。程子曰。公山弗擾以費叛。不以召叛人逆黨而召孔子。則其志欲遷善悔過而未知其術耳。使孔子而不欲往。是沮人為善也。何足以為孔子。○公山召我而豈徒哉。是孔子意他雖叛而召我。其心不徒然。往而教之遷善使不叛則已。此則於義直有可往之理。而孔子亦有實知其不能改而不往者。佛肸召亦然。○朱子曰。夫子云吾其為東周乎。興東周之治也。孔子之志在乎東周。然苟有用我者。亦視天命如何耳。聖人胷中自有處置。非可執定本以議之也。○諸家皆言不為東周。集註却言興周道於東方。何也。曰。這是古註如此說。其字乎字只是閑字。只是有用我便也要做些小事。何處是有不為東周底意。這處與二十年之後吳其為沼乎辭語一般。亦何必要如此翻轉文字。須寬看。子細玩味。方見得聖人語言。○問弗擾果能用夫子。夫子果往從之。亦不過勸得他改過自新。舍逆從順而已。亦如何便興得周道。曰。聖人自不可測。改過不過臣順季氏而已。此只是常法。聖人須別有措置。○蘇氏曰。孔子之不助畔人。天下之所知也。畔而召孔子。其志必不在於惡矣。故孔子因其有善心而收之。使不自絕而已。弗擾之不能為東周亦明矣然而用孔子則有可以爲東周之道故子欲往者以其有是道也卒不往者知其必不能也○慶源輔氏曰魯在周之東故云爾蓋聖人無小成苟就之事如獲用焉不興周道以繼文武不已也○雙峯饒氏曰當時子路更欠一問如何可爲東周夫子必告以爲之之道如問衛君待子而爲政子將奚先夫子便告以正名今聖人不曾說出難爲臆度○雲峯胡氏曰門人豈有不說於夫子者而子路不說者二豈知夫子之於南子其辭不見者義也不得已而見亦有可見之禮也夫子之於公山弗擾其欲往者仁也而卒不往者蓋有知人之知也聖人一動一靜莫非適乎時中而子路未之知也然非子路之疑則聖人之心又孰得而知之乎

○子張問仁於孔子孔子曰能行五者於天下爲仁矣請問之曰恭寬信敏惠恭則不侮寬則得衆信則人任焉敏則有功惠則足以使人

行是五者則心存而理得矣於天下言無適而不然猶

所謂雖之夷狄不可棄者。五者之目。蓋因子張所不足而言耳。任。倚仗也。又言其效如此。問敏字於求仁工夫似不甚切。朱子曰。不敏。則便有怠忽。纔怠忽便心不存而間斷多。便是不仁○任是堪倚靠。是能爲人擔當事也。○勉齋黃氏曰。行五者則心存理得何也。曰。心主乎五者。則無非僻之雜。而心之德常存。以五者施之事。則無悖謬之失。而事之理常得。又言其效。通指不侮至使人五者。欲其以是驗之。如答顏冉問仁。亦以歸仁無怨之效言也。○慶源輔氏曰。五者皆心所具之理。而仁之發也。恭則仁之著。寬則仁之量。信則仁之實。敏則仁之力。惠則仁之澤。能行此五者。則心存理得。而仁不外是也。然是心一有間斷之時則亡矣。是理一有虧闕之處則失矣。故其行是五者。必自一家一國以至於天下無適而不然。然後其心公平。其理周遍。而仁之體用備矣。夫仁道無不該。乃萬善之綱領也。今特以此五者言之。故以爲因子張所不足而言。堂堂乎張。疑其不足於恭。愛欲生。惡欲死。疑其不足於寬。問行而告以忠信。疑其不足於信。問政而告以無倦。疑其不足於敏。色取仁而行違。疑其不足於惠也○張敬夫曰能行此五者於天下則其心公平而周遍可知矣然恭其本與音余○慶源輔氏曰所謂其心公平而周遍者非體仁之深者不知此味也所謂恭其本與者所以指示學者尤切蓋恭則此心收斂不至於放縱此心收斂不放縱則夫寛信敏惠自有所不能已者○胡氏曰五常百行何莫非仁而獨以是言故疑其爲子張之所不足也語恭其本者四者皆以事言而恭則切於身也併及其效者欲其因是而驗之○雙峯饒氏曰朱子以心存理得爲仁是指能行五者而言南軒以公平周遍爲仁是兼行於天下而言二者互相備必心存理得始能公平周遍又曰南軒於五者以恭爲主亦與胡氏釋千乘之國章謂五者以敬爲主同意恭敬則心存心存然後理得故能行下四者○雲峯胡氏曰子張平日問達問行其志欲得行於彼也故夫子因其問仁而告之以能行乎此者也能行此五者則心存而理得能行之於天下則其心公平而溥遍矣李氏曰此章與六言六蔽五美四惡之類皆與前後文體大不相似朱子曰六言六

蔽五美等語。雖其意是。然皆不與聖人常時言語一樣。家語此樣話亦多。大抵論語後數篇間不類。以前諸篇

○厚齋馮氏曰。孔門問仁無稱問仁於孔子者。抑此其齊論歟

○佛肸召。子欲往。佛音弼肸許密反

佛肸晉大夫趙氏之中牟宰也。中牟趙氏邑

子路曰。昔者由也聞諸夫子曰。親於其身爲不善者。君子不入也。佛肸以中牟畔。子之往也如之何

子路恐佛肸之浼汙也夫子。故問此以止夫子之行。親猶自也。不入。不入其黨也 慶源輔氏曰。所謂親於其身爲不善而君子不入者。正恐其汙已也。此固子路之所知也。至於人之不善不能浼聖人。則非子路之所能知也。故引此爲問。欲以止夫子之行耳。○聖人道大德弘。所過者化。人之不善。一經聖人照臨之。則大者革心。小者革面之不暇。何至有浼於聖人。

若夫昏頑之至，不可以常理化者，則聖人又自有以處之。在上則或若堯舜之待三苗，在下則若夫子之待陽貨、公山、佛肸，亦豈能浼於聖人哉？

子曰："然。有是言也。不曰堅乎，磨而不磷；不曰白乎，涅而不緇。

磷，力刃反。涅，乃結反。

磷，薄也。涅，染皂物。齊氏曰：涅，水中黑土，今江東皂泥。言人之不善不能浼己。楊氏曰："磨不磷，涅不緇，而後無可無不可。堅白不足，而欲自試於磨涅，其不磷緇也者，幾平聲希。"問："公山之召，子路不悅，夫子雖以東周之意諭之，子路意似有所未安也。故於佛肸之召，又舉所聞以爲問，其自信不尚如此。學者未至聖人地位，且當以子路爲法，庶乎不失其身。不可以聖人體道之權藉口，恐有學步邯鄲之患也。"朱子曰："得之。"○南軒張氏曰：子路之說，在子路則當然，蓋子路以己處聖人，而未能以聖人觀聖人也。○慶源輔氏曰：

磨不磷。涅不緇。而後無可無不可者。聖人之事也。堅白不足而欲自試於磨涅。則後世不度德。不量力。輕舉妄動。始欲自附於聖人。而終則陷其身於不義之流也。○新安倪氏曰。楊氏謂堅白不足以下。非夫子所言之本意。乃爲子路輩言也

吾豈匏瓜也哉。焉能繫而不食。焉於虔反

匏瓠音互也。匏瓜繫於一處而不能飲食。人則不如是也

朱子曰。不食。謂不求食。非謂不可食也。今俗猶言無口匏。亦此意。○勉齋黄氏曰。匏瓜繫而不食。蓋言匏瓜蠢然一物。繫則不能動。不食則無所知。吾乃人類在天地間。能動作。有思慮。自當見之於用而有益於人。豈微物之比哉。世之奔走以餬其口於四方者。往往借是言以自況。失聖人之旨矣。此不可以不辨○張敬夫曰。子路昔者之所聞。君子守身之常法。夫子今日之所言。聖人體道之大權也。然夫子於公山佛肸之召皆

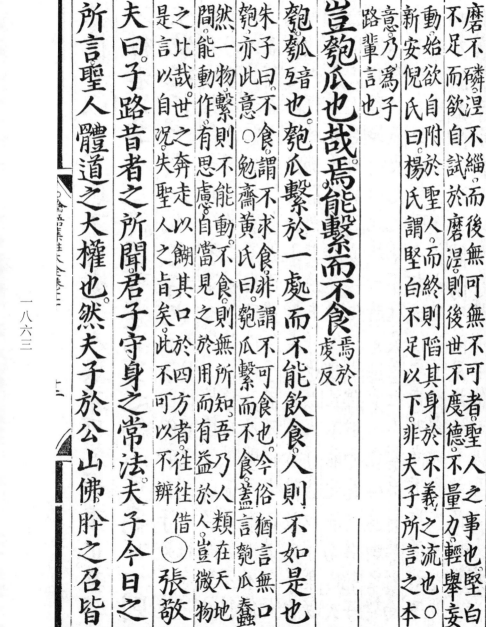

欲往者。以天下無不可變之人。無不可爲之事也。其卒不往者。知其人之終不可變。而事之終不可爲耳。一則生物之仁。一則知人之智也

程子曰。佛肸召子必不徒然。其往義也。然不往者。度其不足與有爲也○朱子曰。公山弗擾佛肸召而欲往者。乃聖人虛明應物之心。答其善意自然而發。終不往者。以其爲惡已甚。義不復可往也。此乃聖人體用不偏。道並行而不相悖處。然兩條告子路不同者。即其所疑而喻之爾。子路於公山氏疑夫子之不必往。故夫子言可往之理。於佛肸恐其浼夫子也。故夫子告以不能浼已之意○夫子於佛肸之召。但謂其不能浼我而已。於公山氏之召。却眞箇要去做○問佛肸弗擾之召。孔子欲往。此意如何。曰。此是一時善意。聖人之心適與之契。所以欲往。然更思之。則不往矣。蓋二人暫時有尊賢向善之誠心。故感得聖人有欲往之意。然違道叛逆終不能改。故聖人亦終不往也。譬如雲陰忽略開霽有些光明。又被重陰遮蔽了。問陽貨欲見却終不許他。曰。貨全無善意。來時便已不好了。故亦不能略感聖人○慶源

輔氏曰自聖人言之則固無不可為之時亦無不可為之事無不可教之人然其所遇則有不可必者天未欲平治天下則在時者有不可為也上之人不我用則在事者有不可為也誨之諄諄聽之藐藐則在人者有不可教也

○子曰由也女聞六言六蔽矣乎對曰未也女音汝下同

蔽遮掩也胡氏曰如為物遮掩僅得其一偏而不見其全體也○慶源輔氏曰謂各隨其意之所向以遮掩其正理

居吾語女語去聲

禮君子問更平聲端則起而對出記曲禮故夫子諭子路使還坐而告之

好仁不好學其蔽也愚好知不好學其蔽也蕩好信不好

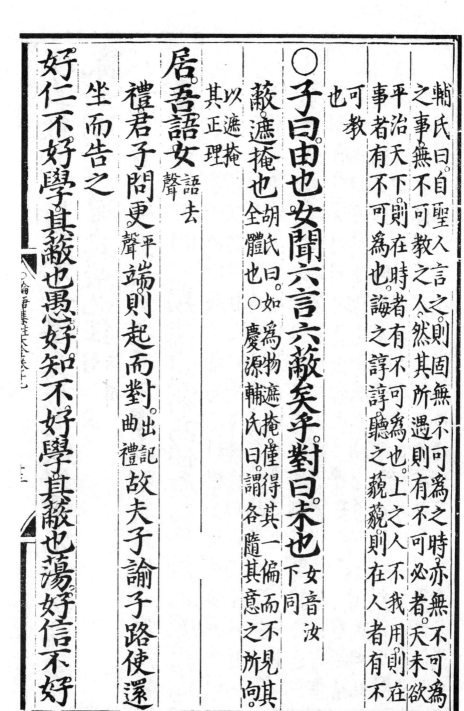

學其蔽也賊好直不好學其蔽也絞好勇不好學其蔽也亂好剛不好學其蔽也狂好知並去聲

六言皆美德然徒好之而不學以明其理則各有所蔽愚若可陷可罔之類蕩謂窮高極廣而無所止賊謂傷害於物朱子曰固執必信而不好學必至於賊害物如證父攘羊便是○雙峯饒氏曰信而不明理則不度事理之可否而欲必踐其言如此者必至於害事如尾生之信是自賊其身者也勇者剛之發剛者勇之體朱子曰勇只是敢為剛有堅強之意○慶源輔氏曰人之資禀得於陰陽者惟有剛有柔勇則剛之發出者也○雙峯饒氏曰剛屬質體也勇屬氣用也狂躁率也慶源輔氏曰此與狂狷之狂不同躁率則近乎剛惡也故特釋之○雙峯饒氏曰躁率輕舉妄動之意○程子曰六言六蔽正與恭而無禮則勞寬而栗剛而無虐之義同蓋好仁而不好學乃所以愚非能仁而愚徒好而不知學乃愚○而

南軒張氏曰學所以明善也不知學則徒慕其名而莫知善之所以爲善矣好仁不好學之蔽知欲力得自守以爲仁而不知學以明之則其所行所守未免於私意適足以爲愚而已至於好知不好學則用其聰明而不知約之所在故其蔽蕩好信不好學則守其小諒而不知義之所存故其蔽賊好直不好學則務徑情而不知含畜故其蔽絞絞者訐而已好勇不好學則犯難而不知止故其蔽亂好剛不好學則務勝而不知反故其蔽狂是六者本爲達德善行而不好學則非所以爲德行而反以自蔽學如行大道日闢而通也不學如守暗室終窒而蔽矣○問蔽之爲義何也勉齋黃氏曰集註以爲遮掩言有所不見之謂也學所以明理者學謂效之師友之言行求之方冊之紀載皆學也所以學欲觀夫理之所當然者而效法之也○仁知信直勇剛皆美德也又必學以明其理何哉六者德之大目耳輕重淺深當施不當施之間其理固多端也今但見其大目而好之不務學以究其理之曲折則見其一而蔽其一未有不流於一偏者也仁主於愛偏則不分輕重賢否而流於愚智知人所難知偏則窮高極遠而流於蕩信而偏則執一不通而流於賊直而偏則迫切不舒而流於絞

(勇則直徑而亂，剛則堅守而強。是皆得其大目而不學有所蔽以至於此也。○覺軒蔡氏曰：此皆不明理而惑於所似故也。格物以致其知，則其蔽徹矣。)○范氏曰：子路勇於爲善，其失之者未能好學以明之也。故告之以此。曰勇、曰剛、曰信、曰直，又皆所以救其偏也。(慶源輔氏曰：范氏就子路身上發明尤切。子路好勇，且有何必讀書之說，其失正在於未能好學以明善也。剛勇直信，皆其氣禀之偏，故特告之。○陳用之曰：信直勇剛，子路之所好也。先之以仁知，使之知所好也。或曰：此子路初見夫子之時。)

○子曰：小子何莫學夫詩？(夫音扶)

小子，弟子也。(厚齋馮氏曰：何莫云者，謂弟子何爲而莫之學也。)

詩可以興，

感發志意。(朱子曰：讀詩見不美者，令人羞惡；見其美者，令人興起。須是反覆讀，使詩與心相乳入。自)

然有感發處

可以觀考見得失勉齋黃氏曰。興群怨。皆指學詩者而言。觀則似指詩而言。謂可考詩人之得失也。然以爲觀己之得失亦可通。下文既有多識爲以此識彼。則此觀爲觀己。然後四語皆一意也。○新安陳氏曰。觀詩所美所刺者之得失。亦因可以考見我之得失。兼此二意方爲盡

可以群和而不流新安陳氏曰。和以處衆曰群。和而不流。故可以處衆。若和而流。則失於雷同。非處衆之道矣

可以怨怨而不怒慶源輔氏曰。當怨不怨。則失之疏。怨而怒。則又失之過。程子所謂小弁擊鼓。皆怨而各當乎理者是也

邇之事父。遠之事君。

人倫之道。詩無不備。新安陳氏曰。如關雎言夫婦。常棣言兄弟。伐木言朋友之類。二者舉重而言新安陳氏曰。父子君臣。人倫中之大者。

多識於鳥獸草木之名。

其緒餘又足以資多識。○學詩之法。此章盡之。讀是經者所宜盡心也。慶源輔氏曰。論語之論及詩者多矣。而惟此章爲備。學者苟於此盡心焉。則有以感發其志意。而爲善不懈。有以考見其得失。而於事無感和而不流。以處群居之常。怨而不怒。以處人情之變。孝父忠君。而人倫之大者無愧。博物洽聞。而一物之小者不遺。詩之爲益。不旣多乎。

○子謂伯魚曰。女爲周南召南矣乎。人而不爲周南召南其猶正牆面而立也與。女音汝 與平聲。

爲猶學也。厚齋馮氏曰。爲如高叟爲詩之爲。周南召實照反南詩首篇名。所言皆脩身齊家之事。慶源輔氏曰。二南見文王齊家之化。於脩身疑未之及。蓋身者家之本。聖人之化。未有不本於身者。文王之化。自內及外。則脩身之事固在其中矣正牆面而立。言即其至近之地而一物無所見。一步不可行。程子曰。二南人倫之本。王化之基。苟不爲之。則無所自入。古之學者必興於詩。不學詩無以言。故猶正牆面而立。○朱子曰。不知所以脩身齊家。則不待出門便已動不得了。所以謂之正牆面者。謂其至近之地亦行不得故也。○問不知脩身齊家。則自然推不去。是一步不可行。如何是一物無所見。曰。自一身一家已自都理會不得。況其遠者乎。此可見知與行相須之義。周南之詩。言文王后妃閨門之化。召南之詩。言諸侯之國夫人大夫妻被文王后妃之化。而成德之事。蓋文王治岐而化行於江漢之域。自北而南。故其樂章以南名之。用之鄉人。用之邦國。以教天下後世。誠意正心脩身齊家之道。蓋詩之正風也。○厚齋馮氏曰。此疑在伯魚過庭之後。已告之學詩。恐其未必踐言而復告之也○新安陳氏曰詩有二南猶易有乾坤學詩自此入而脩齊治平之道皆自此出誠學詩先務也孔子過庭之傳既以學詩居學禮之先此又以二南爲學詩之先所以丁寧其子者豈有他說哉○新安倪氏曰書周官曰不學牆面孔子取譬本此

○子曰禮云禮云玉帛云乎哉樂云樂云鐘鼓云乎哉

敬而將之以玉帛則爲禮將如幣帛之將和而發之以鐘鼓則爲樂發如英華發外之發遺其本而專事其末則豈禮樂之謂哉

胡氏曰玉帛五玉三帛禮文之重者也鐘金聲鼓革聲樂器之大者也非玉帛無以爲禮非鐘鼓無以爲樂然禮樂有本有末玉帛鐘鼓末也禮之本在於敬假玉帛以將之樂之本在於和假鐘鼓以發之周末文滅其質但以玉帛鐘鼓爲禮樂耳○南軒張氏曰玉帛固可以行禮也鐘鼓固可以爲樂也謂玉帛鐘鼓爲非禮樂則不可然禮樂豈止乎玉帛鐘鼓之間哉得其本則玉帛鐘鼓莫非吾情文之所寓不然特虛器而已所謂

本者。反之吾身而求之。則知其不遠也。○慶源輔氏曰。敬者。在中之禮。禮之本也。玉帛則禮之器。所以將吾敬而播之於外者也。禮之末也。和者在中之樂。樂之本也。鐘鼓則樂之器。所以發吾和而播之於外者也。樂之末也。本末具舉。内外兼備。夫然後可謂禮樂之全。苟惟專務其本而不事於末。固爲不可。至於徒事其末而反遺其本。則又豈所謂禮樂者哉。云乎哉者。猶言此不得謂之禮樂也。○程子曰。禮只是一箇序。樂只是一箇和。只此兩字。含蓄多少義理。天下無一物無禮樂。且如置此兩倚。一不正。便是無序。無序便乖。乖便不和。又如盜賊至爲不道。然亦有禮樂。蓋必有總屬。必相聽順。乃能爲盜。不然。則叛亂無統。不能一日相聚而爲盜也。禮樂無處無之。學者要須識得。胡氏曰。程子欲人知禮樂之理無所不在。學者記其語。雜以方言。至於盜賊亦有禮樂。姑借近且粗者以明之。非眞所謂禮樂也。序和二字尤親切。又見禮爲樂之本〇慶源輔氏曰。禮樂之本。雖細微之事。凶惡之人。一皆有之。不特玉帛鐘鼓之間。要之只是箇序與和底道理。人能識得此箇禮樂。則知天下無一物無禮樂。隨處受用。然其實不出序與和二字〇趙氏曰。朱子以敬與和言。是就心上說。程子以序與和言。是就事上說。一說相須。其義始備〇雙峯饒氏曰。二說相須。其義始備。如人而不仁如禮何章集註舉李氏人心亡矣。亦是就人心上說。舉程子失正理則無序而不和。亦是就事理上說〇厚齋馮氏曰。復曰云者。謂人所常言也。乎哉。疑而反之之辭。謂禮樂之所云者。止云玉帛鐘鼓而已哉。蓋禮者天地之序。樂者天地之和。玉帛有等差。所以明其序。鐘鼓有聲音。所以發其和。是時禮樂廢壞。皆僭竊其文而不知其本。諸侯僭天子。大夫僭諸侯。則無序矣。征伐相尋。國異政。家殊俗。則不和矣。夫子之言。亦必有爲而發也。

〇子曰。色厲而内荏。譬諸小人。其猶穿窬之盜也與。荏而審反　與平聲厲威嚴也荏柔弱也小人細民也穿穿壁窬踰牆言其無實盜名而常畏人知也朱子曰不直心而私意如此便是穿窬之類又曰裏面是如此外面却不如此外面恁地裏面却不恁地○問色厲而內荏何以比之穿窬曰爲他意只在要瞞人故其心常怕人知如做賊然○勉齋黃氏曰穿窬內懷爲盜之實而外飾非盜之狀以欺人故以譬夫內本柔弱而外爲嚴厲以欺人者也○雙峯饒氏曰色不止顏色凡形見於外者皆是如前篇以論篤爲色莊是也外示莊厲而內實柔弱譬如穿窬之人日間顯顯處與平人無異而夜間幽暗處則爲盜○王氏回曰此有爲之言曰譬諸小人則指當時之大人也○雲峯胡氏曰易泰卦以內健外順爲君子之道否卦以內柔外剛爲小人之道此則厲者外爲剛之容荏者內蘊柔之惡者也

○子曰鄉原德之賊也

鄉者鄙俗之意原與原同荀子愿愨註讀作愿是也荀子

正論篇。上端誠則下原愨矣謂在上者能端莊誠實。則下知謹愿而純愨也鄉原鄉人之愿者也。蓋其同流合汙以媚於世。故在鄉人之中。獨以愿稱。勉齋黃氏曰。既以鄉爲一鄉。又以爲鄙俗者。鄉之得名。本以鄙俗爲言也。故曰我猶未免爲鄉人也。亦猶都鄙之稱。都之爲言美也。鄙之爲言俗也。然則鄉者亦鄙俗之類歟。其稱原人而必加之以鄉者。以見其鄙俗非公論之所在。故是非錯謬。而稱之以爲原也夫子以其似德非德而反亂乎德。故以爲德之賊而深惡烏故反之。詳見形甸反孟子末篇

朱子曰。鄉原者爲他做得好。便人皆稱之。而不知其有無窮之禍。如五代馮道者。此眞鄉原也。○鄉原最是孟子說得數句好。曰生斯世也。爲斯世也。善斯可矣。此是鄉原本情。○鄉原無甚見識。其所謂原。亦未必眞愿。乃是卑陋而隨俗之人耳。蘇氏謂其近似中庸而非也。故曰德之賊。孟子曰。一鄉皆稱原人。無所往而不爲原人。與中庸相近。必與狂狷相遠。狂者進取。狷者有所不爲。鄉原者未嘗進取而無所不爲者也。狂狷與中庸相遠。而

孔子取其志之彊。可以引而至於道也。鄉原與中庸相近。而夫子惡之。惡其安於陋而不可與有爲也。○勉齋黄氏曰。德者。務合乎理者也。鄉原求媚於世。則不必皆合乎理。而委曲遷就。似乎理而實非理。使人之爲善者莫知乎理之正。是天下之正德反爲鄉原所害也。如廉潔理之正也。鄉原不以爲廉潔以異俗。故亦同乎流俗。而外爲說以自蓋。使人視之似廉潔然。實非廉潔。而反以害廉潔之正也。故貪夫不足以害夫廉。似廉非廉者乃所以害夫廉也。此夫子所以深惡之也。○雙峯饒氏曰。一鄉有君子有小人。鄉原都要他說好。同流合汙。是要媚小人。似忠信。似廉潔。是要媚君子。所以人人道他好。人見以此得名。都去學他。最敗風俗。故曰德之賊。上章言盜。盜猶畏人之知。此章言賊。則肆行無忌矣。○新安陳氏曰。眞非不足以惑人。惟似是而非者最易以惑人。故夫子以爲德之賊

○子曰。道聽而塗說。德之棄也

雖聞善言。不爲己有。是自棄其德也。○王氏曰。君子多

識如字前言往行去聲以畜勑六反其德。新安倪氏曰。此易大畜卦大象傳辭。引以論此甚切。蓋此章所指。正與易之說反

道聽塗說，則棄之矣。朱子曰。此二章賊字棄字。說得重而有力。蓋鄉原只知偷合苟容。似是而非。人皆稱之。故曰德之賊。道聽塗說者。纔聽來便說了。更不能蓄。既不能有之於心。不能行之於身。是棄其德也。故曰德之棄。○南軒張氏曰。聞善者存而體之。則其德蓄聚。若徒以資口說而已。則於德何有哉。○勉齋黃氏曰。觀此則輕浮淺露者。眞不足以爲學也。○胡氏曰。德之棄與上章德之賊。文勢相類。彼以似德而亂德。故云德之賊。此可以進德而不進。故云德之棄。○鄭氏曰。無所得而竊其名。故曰賊。有所聞而不蓄諸己。故曰棄。或云上章言德之賊。此章言德之棄。語意似相承。雙峯饒氏曰。是如此。但兩箇德字來歷亦自不同。上章所謂德是得之於天者。此章所謂德是得之於人者。有所聞於人。人而不能蓄之以爲己有。是棄其所得於人者。鄉原之人似德而非德。以人僞亂天理。是害其所得於天者也。所得於天。即仁義禮智之謂。○新安陳氏曰。人之聞善。蘊蓄於不言之表者。其德固。淺露於輕言之際者。其德

棄矣

○子曰鄙夫可與事君也與哉與平聲

鄙夫庸惡陋劣之稱慶源輔氏曰庸謂凡常惡只是惡陋謂猥瑣劣謂昏弱四者皆鄙也

其未得之也患得之既得之患失之

何氏曰患得之謂患不能得之胡氏曰患得之語急而文省耳○新安陳氏曰得謂得富貴權利

苟患失之無所不至矣

小則吮徂兗反癰舐神紙反以舌取物也痔直理反大則弑父與君皆生於患失而已莊子列禦寇篇秦王有病召醫破癰潰痤者得車一乘癰痤皆癤之屬也痤徂和反舐痔者得車五乘所治愈下得車愈多子豈舐其痔邪何得車之多也○前漢佞幸傳文帝常病癰鄧通

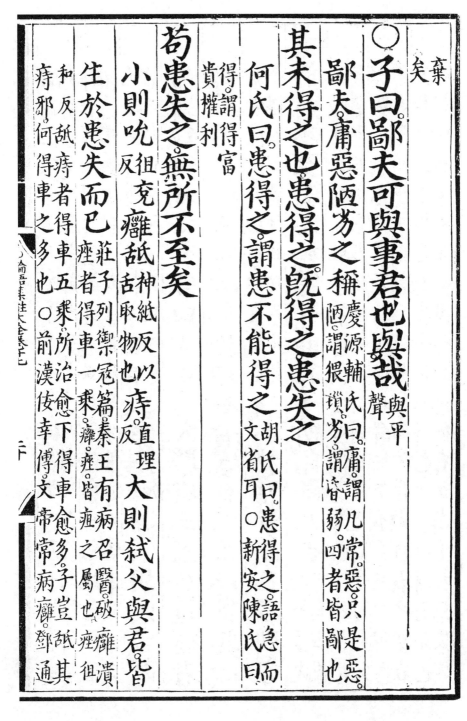

常爲上啾山角反吮之。上不樂。從容問曰。天下誰最愛我者乎。通曰。宜莫若太子。太子入問疾。上使太子齰癰。齰仕客反。齧也。齧出其膿血太子齰癰而色難之。已而聞通嘗爲上齰之。太子慙。繇是深恨通○雲峯胡氏曰。吮癰舐痔是柔惡。弑父與君是剛惡。故集註不特曰庸陋劣。而且以惡之一字加之○胡氏曰。許昌靳居覲反裁之有言曰。士之品大槩有三。志於道德者。功名不足以累其心。志於功名者富貴不足以累其心。新安陳氏曰。功名。功業聲名也。今俗人認貴仕爲功名。非矣 志於富貴而已者則亦無所不至矣。志於富貴。即孔子所謂鄙夫也南軒張氏曰。自古亂臣賊子。其初豈敢遽萌篡弑之心。惟患失也。蹉跌至此。履霜堅冰。馴致其道也。然則計利自便之萌。是乃弑父與君之原也○慶源輔氏曰。此解無所不至矣一句甚當。夫患得患失。則惟利欲是徇。而不復顧理義之所在矣。其可與之事君也哉。然其患得也。則求以得之而已。雖行險徼幸。乘間抵巇。然其惡猶有止也。至於患失。則無不至矣。小則吮癰舐痔，不惜身命。大則弑父與君。禍及國家。○志於道德，則功名不必外求而得。其或終無所成，則亦全吾道德而已矣。在我亦何所損哉。若夫志於功名，則其心已是謀利計功，幸而得之則已矣。不然，則行險僥幸，枉尺直尋，殆將不能免。志於富貴，則患得患失，終必至於無所不至矣。其爲庸惡陋劣之態亦可想而見也。○胡氏曰：靳氏三品之說，本非此章正意。然能推見鄙夫之所以若此。志於道德，聖賢之徒也。志於功名，豪傑之士也。志於富貴，即鄙夫也。聖賢非不事功名也，可爲則爲，不得爲則不爲，不害於道德也。豪傑非惡富貴也，視功名爲重，則富貴爲輕也。鄙夫則富貴之外他無所志，故得失之患其害至此。○厚齋馮氏曰：孟子曰：鄙夫寬，謂所見隘陋也。所見隘陋之人，知有富貴而已。小用之則敗事，大用之則誤國，豈容一日得志也哉。○齊氏曰：古之君子未得之則求之性分之所固有，既得之則安於職分之所當然，舜木居鹿遊，若將終身，則得不足以動其心。牛羊倉廩若固有之，則亦何失之慮。學者以孔子之言觀鄙夫之如彼，以孟子之言觀聖人之如此，亦可以知所鑒矣

○子曰古者民有三疾今也或是之亡也

氣失其平則爲疾故氣禀之偏者亦謂之疾慶源輔氏曰氣禀之偏亦謂之疾此以德言之也人身之氣當平和而安寧一失其平則爲疾矣人之德氣禀得中則爲善一失之偏則小爲疾矣○陳用之曰人之陰陽節適則平偏倚則疾性之有疾猶身之有疾也昔所謂疾今亦亡與無通之傷俗之益偸也厚齋馮氏曰或是之亡不敢爲決然之辭恐尚亦有之

古之狂也肆今之狂也蕩古之矜也廉今之矜也忿戾古之愚也直今之愚也詐而已矣

狂者志願太高肆謂不拘小節蕩則踰大閑矣禮義爲大閑矜者持守太嚴如不矜細行之矜非矜誇之矜廉謂稜角陗與峭同厲忿

戾則至於爭矣。厚齋馮氏曰。君子矜而不爭。矜而忿戾。小人也。愚者暗昧不明。直謂徑行自遂。詐則挾私妄作矣。○范氏曰。末世滋僞。豈惟賢者不如古哉。民性之蔽。亦與古人異矣。朱子曰。廉是側邊廉隅。這只是那分處。所謂廉者。爲是分得那義利去處。譬如物之側稜兩下分去。○問智則能詐。愚者無智巧。何故能詐。曰。如狂而不直。侗而不愿之類。○南軒張氏曰。疾生乎氣稟之偏。狂而肆者過於進爲也。矜而廉者廉隅露見也。愚而直者直情徑行也。此雖偏而爲疾。然猶爲疾之常。至於狂而放。則流而爲蕩。矜而爭。則溢而爲忿戾。愚而衒直。則變而爲詐。是蓋世衰俗弊。則習益遠故也。言疾則固爲偏。而今也併與古之疾而亡之。則益甚矣。古者三疾。學則可瘳也。至於今之疾。悖理亂常之甚。蓋難反矣。然困而能學。亦聖人之所不棄也。○問古者民有三疾。今也或是之亡也。晦翁謂氣稟之偏者謂之疾。而取范氏末世滋僞。豈賢者不如古。民性之蔽。亦與古異。竊謂時固有古今。而氣稟之性亦有古今之異歟。潛室陳氏曰。氣數有淳漓。故生物有厚薄。只正春時生得物如何。迨春末生物便別。後世生聖賢既與古不同。即生暗蔽愚人。亦欲如古不得。○雙峯饒氏曰。語中說古今處。皆是嘆今之不如古。狂肆矜廉愚直是氣質之偏。所謂疾也。肆變而蕩。廉變而忿戾。直變而詐是習俗所染。乃習與性成而爲惡。不止於疾矣。○雲峯胡氏曰。氣禀之性。適乎中則無疾。凡過與不及。皆疾也。狂者知之過。矜者行之過。愚者不能知而徑行不及者也。故古者皆以爲疾。○新安陳氏曰。古之疾已是氣質之偏。今併與古之疾而無之。蓋已流於私欲之僞。去古益遠。而復乎善益難矣。夫子所以傷之歟

○子曰。巧言令色。鮮矣仁。

重平聲出

○子曰。惡紫之奪朱也。惡鄭聲之亂雅樂也。惡利口之覆邦家者。惡去聲覆芳服反

朱正色。紫間去聲色。新安陳氏曰。朱南方赤之正色。合赤黑而成紫。北方之間色。雅正

也。利口捷給。覆傾敗也◯范氏曰。天下之理。正而勝者常少。不正而勝者常多。聖人所以惡之也。利口之人。以是爲非。以非爲是。以賢爲不肖。以不肖爲賢。人君苟悅而信之。則國家之覆也不難矣朱子曰。紫近黑色。過了那朱。既爲紫便變做朱不得。便是奪了朱。雅樂平淡。鄭便過而爲淫哇。蓋過了雅。便是亂雅。邦家力勢也甚大。然被利口之人說一兩句。便有傾覆之慮。豈不可畏哉◯不正底物事。自常易得勝。那正底物事。且如以朱染紫。一染了便退不得。朱却不能變得紫也◯南軒張氏曰。以其似是而非。有以惑人之觀聽。是以聖人惡之。利口所以覆邦家者。蓋變其事實。使是非邪正率皆紊亂。邦家之所由傾覆也◯勉齋黃氏曰。是非善惡最相反也。聖人不之惡者。以人心自有正理。而正不正之相反易辨也。惟夫似是而實非。似善而實惡。則人心疑惑而足以亂正。此孔子所以惡鄉原而又及乎此也◯慶源輔氏曰。氣數難得相值。時節難得常好。故邪正相乘之際。而正常屈於邪。疑似之間。每惡其雜亂而致詳焉。此亦贊天地之一端也。○鄭雙峯饒氏曰。紫以間色亂正色。以其能悅人之目也。鄭衛之樂以淫聲亂正聲。以其能悅人之耳也。故聖人惡之。後世果卒爲二者所勝。古人玄衣朱裳。今之朝服直以紫爲上。至於常服亦皆衣紫。所奏之樂莫非鄭衛淫哇之音。人心好惡之失其正如此。況於聽言之際安得不爲利口者所惑邪。○汪氏曰。辨朱紫以目。辨雅鄭以耳。具耳目者能之。猶未爲甚難。惟利口之覆邦家。則當辨之以心。人主之心常爲所惑而不能辨。故范氏備述其態以曉人。苟非自正其心辨之。豈不難哉。○雲峯胡氏曰。前篇以佞人對鄭聲言。此又以利口對鄭聲言。集註釋佞字曰辨給也。釋利口曰捷給也。捷則顛倒是非於片言之頃。使人悅而信之。有不暇於致詳者。視佞爲尤甚。故覆亡之禍立見。有甚於殆焉者矣

○子曰。予欲無言

學者多以言語觀聖人。而不察其天理流行之實有不待言而著者。是以徒得其言而不得其所以言。故夫子

發此以警之慶源輔氏曰。此亦有兩意。一是天理流行之實。凡動靜語默。皆是初不待言而著。學者惟不察乎此。而但以言語觀聖人。是以徒得其言而不得其所以言。故夫子發此以警之。一是以言而教人。固聖人之本心。因言以進道。亦學者之當務。但學者心麤氣暴。其於聖人之言。領略之意常多。體察之意常少。是以徒得其言而不得其所以言。故夫子發此以警之

子貢曰。子如不言。則小子何述焉

子貢正以言語觀聖人者。故疑而問之慶源輔氏曰。此語必在未聞性與天道之前

子曰。天何言哉。四時行焉。百物生焉。天何言哉

四時行。百物生。莫非天理發見形甸反流行之實。不待言而可見。如字聖人一動一靜。莫非妙道精義之發。亦天而

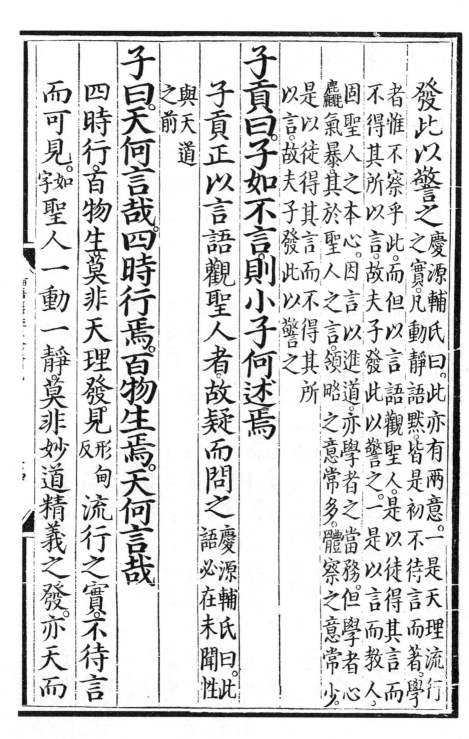

已。豈待言而顯哉。慶源輔氏曰。百物生。是天理之發見也。四時行。是天理之流行也。發見則自其初而言之。流行則併舉其終也。妙道言其體。精義言其用。夫子但言天之理。更不及己之事。則天人一貫。而天即己。己即天矣。此所以謂聖人之言也。○新安陳氏曰。輔氏即集註天理發見流行之實而強分之。以發見爲百物生。流行爲四時行。下句雖是。上句實非。發見流行。不必分言也。一陰一陽之謂道。陰陽非道。所以一陰一陽者爲道。道形而上者也。無形之可見也。陰陽形而下者也。即道之發見於有形者也。四時之氣流行。而爲春暖夏熱秋凉冬寒。非發見而何。若以四時行百物生之序言之。必四時之氣流行。而後百物之品發生。雲行雨施。方品物流形。乾道變化。方各正性命。豈有先言百物生。而後言四時行之理哉。輔氏過於密察。反成病敗。愚不可以不辨 此亦開示子貢之切。惜乎其終不喻也。新安陳氏曰。無曾子之唯。亦無領會之言。見其未喻 ○程子曰。孔子之道。譬如日星之明。猶患門人未能盡曉。故曰予欲無言。若顏子則便默識。如字其他則未免疑問。故曰小子何述。又曰天何言哉。四時行焉。百物生焉。則可謂至明白矣。愚按此與前篇無隱之意相發。學者詳之朱子曰。此語子貢聞之而未喻。故有疑問。到後來自云夫子之文章可得而聞也。夫子之言性與天道不可得而聞也。方是契此旨處。顏曾則不待疑問。若子貢以下。又不知所疑矣。○問予欲無言一章。恐是言有所不能盡。故欲無言否。曰。不是如此。只是不消得說。蓋以都撒出來了。如四時行焉。百物生焉。夫又更說箇甚底。若是言不能盡。便是有未盡處。聖人言處也盡。做處也盡。動容周旋無不盡。惟其無不盡。所以不消得說。○問四時行百物生。皆天命之流行。其理甚著。不待言而後明。聖人之道。亦猶是也。行止語默。無非道者。不爲言之有無而損益也。有言乃不得已爲學者發爾。曰。甚善。○問四時行百物生兩句。自爲體用。蓋陰陽之理。運行不息。故萬物各遂其生。聖人之心。純亦不已。故動容周旋自然中禮。曰。是此意。○問夫子以子貢專求之言語之間。故告之予欲無言。以發之。子貢未能無疑。故曰天何言哉。四時行焉。百物生焉。蓋欲其察之踐履事爲之實也。程子謂猶患門人未能盡曉。故曰予欲無言。夫恐其不能盡曉。當更告之。而曰欲無言何也。或云予欲無言一章實兼無隱乎爾之義。蓋四時行。百物生。所謂無隱也。程子蓋推明夫子所以啓發子貢之意。欲其求之於踐履事爲之實者。未知是否。曰。恐人不能盡曉。而反欲無言。疑得甚好。更熟玩之。當自見得分明也。○新安陳氏曰。韜仲之問。文公使更熟玩之。竊謂聖道明如日星。門人猶未能盡曉者。以其徒求之言語之間。而不知動作語默。無非聖道之形見。此所以聖道雖明。而其見滯於言語。間不能盡曉也。苟謂恐其不能盡曉。當更告之。聖人方病學者徒求之言語。而又益詳於言語。言語愈詳。知識愈滯。未能盡曉者何由而曉耶。使能不徒求之言語。而必察聖人之一動一靜。莫非妙道精義之發。則能知聖人之動靜無非理。必悟聖人之語默無非教也。○南軒張氏曰。四時行百物生者。天道之流行無息也。天雖不言而何隱哉。聖人動靜語默之間。無非至理之所在。冊曰天何言哉。所以發之者深矣。○覺軒蔡氏曰。集註以此章與前篇無隱之意相發。蓋四時行。百物生。莫非天理發見流行之實。正所以發夫子之無隱也。學者玩此而有得焉。不惟見聖人一動一靜純乎天理之妙，不待言而顯，便當反之於踐履事爲之實，俛焉孶孶，庶幾有得乎希聖希天之事。更玩四時行，百物生，尤見其體用一原。陰陽之理運行不息，而萬物各遂其生之妙，聖人亦天而已。○雙峯饒氏曰：予欲無言，聖人是要人就他躬行處體認，莫只於他言語上求，蓋就躬行處體認，便件件把作實事看。若只就言語上求，只將作空言看了。無益於得也。此與吾無隱乎爾章大同小異，那是說行處無非至理，別無深晦底道理，此是說行處都是實理，不必於吾言語上求。○厚齋馮氏曰：夫子示子貢以一貫之學，此又示以無言之天。卒於聞性與天道，子貢之學可謂日進無疆者矣。○雲峯胡氏曰：集註妙道精義之發，妙道其體也，天理渾然者也；精義其用也，天理之粲然者也。朱子感興末篇始曰：玄天幽且默，仲尼欲無言。萬物各生遂，德容自清温。末曰：予昧前訓，坐此枝葉繁。發憤永刊落，奇功收一原。三復是詩，朱子之學晚年造詣深矣。學者宜致思焉。○新安倪氏曰：按以妙道精義分體用，蓋因輔氏之說而申明之。舉感興末篇則因蔡氏之說而詳言之也。蔡氏說此章，嘗謂先師於感興卒章特發其義，而收奇功於一原，其所以勉學者深矣。但此能述之。尤爲詳明。萬物各生遂。接玄天幽且默而言。德容自清温。接仲尼欲無言而言。即動靜無非教之意也。又按徽菴程氏嘗提掇欲之一字而講之曰。先聖雖欲無言。而未得以無言也。未以無言期諸子。而獨以無言期子貢何哉。蓋於子貢者。自能忘言以會道。與回言終日而無所不說。不必示之以無言也。下於子貢者。方將因言以求道。但教之以不知言。無以知人。言及之而不言謂之隱。可與言而不與之言失人。未可示之以無言也。惟天資學力賢如子貢。而陷以言語觀聖人。不得不示之以無言耳。此說就子貢身上發明甚切。謹附于此

○孺悲欲見孔子。孔子辭以疾。將命者出戶。取瑟而歌。使之聞之

孺悲。魯人。嘗學士喪禮於孔子。記雜記。恤由之喪。魯哀公使孺悲之孔子學士喪禮。士喪禮當是時必有以得罪者。故辭以疾。而又使於是乎書

知其非疾以警教之也。慶源輔氏曰。聖人之門。來者不拒。儻非有故。未有卻之者。然其所以得罪之故。不可知矣。辭之以疾者。義不當見也。歌瑟使聞者。仁不容絕也。夫子於此。仁義並行而不悖。然其愛人之心則終無已也。程子曰。此孟子所謂不屑之教誨所以深教之也。南軒張氏曰。孺悲之不見。疑在棄絕之域矣。取瑟而歌。使將命者聞之。是亦教誨之而終不棄也。聖人之仁。天地生物之心歟。○胡氏曰。聖人無疾而託以疾。則雖庸人亦能自省其所以見絕之由。是不屑之教誨也。○鄭氏曰。於絕之之中。不忘教之之意。聖人之心。如天地之不棄物也。仁矣哉

○宰我問。三年之喪。期已久矣。期音朞下同

期周年也

君子三年不為禮。禮必壞。三年不為樂。樂必崩

恐居喪不習而崩壞也。慶源輔氏曰。此述宰我之意也。然禮樂自事親從兄而出。不能

三年之喪，則禮樂之本壞矣。宰我慮其崩壞。而急之於玉帛鐘鼓之間，則亦不知務甚矣。

舊穀既沒，新穀既升，鑽燧改火，期可已矣。鑽，祖官反。

沒，盡也。升，登也。燧，取火之木也。改火，春取榆柳之火，夏取棗杏之火，夏季取桑柘之火，秋取柞楢音胙由之火，冬取槐檀之火，亦一年而周也。周禮夏官司爟古喚反掌行火之政令。四時變國火以救時疾。行，猶用也。變，猶易也。鄭子曰：春取榆柳之火，夏取棗杏之火，季夏取桑柘之火，秋取柞楢之火，冬取槐檀之火。季夏出火，民咸從之。季秋內火，民亦如之。已，止也。言期年則天運一周，時物皆變，喪至此可止也。問四時取火，何爲季夏又取一番？朱子曰：土旺於未，故再取之。○慶源輔氏曰：時物固皆變矣，吾心哀怛之實自有不能已者，則不可因彼而變也。○雙峯饒氏曰：四時取火之木不同。榆柳木之青者，故春取之。棗杏木之赤者，故夏取之。桑柘黃，柞楢白，槐檀黑，各隨其時之方色取之。蓋五行之中各有五行。火有五色。亦如金有五金之類。古人作事。件件順天時。況水火乃天地間妙用。尤不可不順其性。水失其性。則為水災。火失其性。則為火災。旱暵疾疫。皆是因時改火以達其氣。亦贊化育之一事也。故周禮司爟掌四時變國火以救民疾。後世都不理會。如何得陰陽和。萬物育。尹氏曰。短喪之說。下愚且恥言之。宰我親學聖人之門而以是為問者。有所疑於心而不敢強上聲焉爾。慶源輔氏曰。尹氏說固忠厚。然宰我之失終在。但其致問之時。猶出於情實。較之後世匿情行詐而口不相副者。則猶為無隱耳

子曰。食夫稻。衣夫錦。於女安乎。曰。安。夫音扶。下同。衣去聲。女音汝。下同

禮。父母之喪。既殯食粥。麤衰。音催既葬疏平聲食音嗣水飲。受以成布。朱子曰。成布是稍細成布。初來未成布也。八十縷為一升。古尺一幅只闊二尺二寸。筭成斬衰三升。如今漆布一般。所以為未成布。期音朞而小祥。始食菜果。練冠縓取絹反

緣去聲○朱子曰縓今淺絳色小祥以縓爲緣一入爲縓禮有四入之說亦是漸漸加深色耳要平聲
經音迭不除無食稻衣錦之理。夫子欲宰我反求諸心自得其所以不忍者故問之以此而宰我不察也記間傳父母之喪既殯食粥未殯之前勺水不入口既殯則三日矣方食粥朝一溢米二十兩爲一溢以爲粥莫音暮一溢米齊衰之喪疏食水飲不食菜果大功之喪不食醯醬可以食菜果矣小功緦麻不飲醴酒可以食醯醬矣父母之喪既虞卒哭疏食水飲可以不食粥矣不食菜果期而小祥期而服練謂之小祥食菜果又期而大祥再期而服縞謂之大祥食醯醬中月而禫大感反禫而飲醴酒醴酒味薄故得飲之始飲酒者先飲醴酒始食肉者先食乾肉

女安則爲之。夫君子之居喪食旨不甘聞樂不樂居處不安故不爲也今女安則爲之樂上如字下音洛

此夫子之言也。旨亦甘也。旨美也初言女安則爲之絕之之辭。又發其不忍之端以警其不察。新安陳氏曰。四不字皆是發其不忍之端而再言女安則爲之。以深責之厚齋馮氏曰。夫子之門。子夏子張既除喪而見。予之琴。和之而或和或不和。彈之而或成聲或不成聲。一則曰先王制禮不敢過也。一則曰先王制禮不敢不至焉。其於三年之喪如此。宰我與二子相處久矣。豈不習聞其槩焉。安於食稻衣錦也。夫。魯莊公之喪既葬。不入庫門。士大夫既卒哭。麻不入。然則三年之喪不行久矣。至是而夫子舉行之。宰我門人高流也。日聞至論。而猶以期爲安。況斯世乎。其後滕世子欲行三年喪。父兄百官皆不欲。然則三年之喪。獨行於孔孟之門。而朝廷未嘗行也。甚至以日易月。無復聽於冢宰三年不言之制。而三年之喪迄今行之天下者。宰我一問之力也

宰我出。子曰。予之不仁也。子生三年。然後免於父母之懷。夫三年之喪。天下之通喪也。予也有三年之愛於其父母

乎

宰我既出，夫子懼其眞以爲可安而遂行之，故深探他單反其本而斥之。言由其不仁，故愛親之薄如此也。新安陳氏曰：不安於食稻衣錦者，由其不忍也。不忍之心，仁也。安則忍，忍則不仁矣。懷抱也。又言君子所以不忍於親而喪必三年之故，使之聞之，或能反求而終得其本心也。新安陳氏曰：予發短喪之問，又以食稻衣錦爲安，是始已失其本心矣。今夫子拳拳之意，猶冀其反求而終得其本心也。本心，即愛親之仁心。○范氏曰：喪雖止於三年，然賢者之情則無窮也，特以聖人爲之中制而不敢過，故必俯而就之，非以三年之喪爲足以報其親也。記三年問：君子三年之喪，二十五月而畢，若駟之過隙，然而遂之，是無窮也，故先王爲之中制。○檀弓子思曰：

先王之制禮。過之者俯而就之。不至焉者跂而及之。所故君子執親之喪。水漿不入口者三日。杖而後能起。

謂三年然後免於父母之懷。特以責宰我之無恩。欲其有以跂而及之耳

問宰我遊聖人之門。而有短喪之問。不類學者氣象。諸家之說或謂至親以期斷。而宰我欲質其所知。有疑而不敢隱。所以爲宰我。蓋欲文其過也。竊以爲宰我在聖門。雖列於言語之科。然哀公問社。而有使民戰栗之對。方晝而寢。夫子有朽木糞土之譏。觀其地位如此。則宜有短喪之問也。朱子曰。短喪固是不仁。然其不隱。不害爲忠信。此一事而兼有得失。得失又有重輕。○聖人尋常未嘗輕許人以仁。亦未嘗絕人以不仁。今言予之不仁。乃予之良心死了也。○或問此章之說。有謂宰我之問。蓋聞禮家至親期斷之言。故以質之夫子。非自執喪而欲斷之也。如何曰。此蓋以宰我爲聖人之徒。不應問此。而欲爲之文其過也。其意則忠且厚矣。然三年之喪。生於人心。非由外至。而禮家固亦已有加隆之說矣。設使宰我實聞期斷之說。而不能察其是非。盡其曲折。則其愛親之薄亦可知矣。雖不自斷其喪。然其情亦何以異耶。曰。又有以宰

予爲不察理不知仁而不知愛親之道者信乎曰是其意若曰予非不愛親也特不察理而不知其道也非不仁也特不知仁也是亦爲之文其過之言耳然人子有三年之愛於父母蓋心之不能已者而非有難明之理也是其存焉則爲仁失之則爲不仁其間蓋不容髮而其存不存又不待於知之而後能勉也亦係於吾心之厚薄如何耳宰我食稻衣錦自以爲安則其無愛親之心可見而夫子所以斥之者亦明矣說者乃與曲爲之諱而少減其不仁不孝之罪是以其說徒爲辭費而不足以掩其實也曰或謂宰我非不知短喪之爲薄直以有疑故不敢自隱於夫子只此無隱便是聖人作處如何曰言宰我之心雖薄而其不敢自隱者猶有聖門氣象可也謂之無隱而直以聖人作處許之則又激於世俗矯情飾詐之私而不自知其言之過矣然此章正意在於問喪而喪之主於哀者又非自外而至今不論此而摘其旁支瑣細之說以爲已死之人又不可贖之過亦何益哉曰或謂夫子之言女安則爲之爲不與人爲僞者信乎曰是因無隱之說而又失之之甚也夫聖人固不與人爲僞矣然不曰不肖者跂而及之乎其曰安則爲之著乃深責而痛絕之之辭也豈使之眞以爲安

而遂爲之也哉。若如其言。則聖人之所以垂世立教者。初無一定之則。直徇世俗情意之厚薄。使人自以爲禮。而不慮夫壞法亂紀之原自我始也。○南軒張氏曰。人子之致哀於其親。蓋其心之不可以已者。先王以禮爲之而斷之以三年。是謂天之則也。宰我論喪禮而欲止乎期。夫子反覆告之以女安則爲之。夫其食旨不甘。聞樂不樂。居處不安。果何哉。以其有所不忍於心故也。宰我聞夫子斯言而出。其必有以惻於中矣。○慶源輔氏曰。子生三年然後免於父母之懷。此君子所以不忍於親。而喪必三年之故。自天子達於庶人。而爲天下之通喪也。至於使之聞之。或能反求而終得其本心。則聖人之仁也。始也問之以食稻衣錦於女安乎。所以使宰我反求諸心自得其所以不忍。及宰我不察。則又言君子居喪之禮。皆出於自然。以發其不忍於親。而喪必三年之故。使之聞之。尚庶幾其能反求而得其本心。不至於終遂而不反也。然則聖人之心所以愛人無已者。於此亦可得而見矣。○范氏發明非以三年之喪爲足以報其親之說。尤爲忠厚。所謂喪三年以爲極。亡則弗之忘矣者是也。至於聖人既於此爲之中制。則賢者必當俯而就。不肖者必當跂而及。夫如是然後其說始圓。而宰我之失。夫子之意。始皆坦然明白矣。○厚齋馮氏曰。宰我之所惜者禮樂也。夫子之所以責者仁也。仁。人心而愛之理也。孩提之童。生而無不知愛其親者。故仁之實事親是也。禮所以節文之。樂所以樂之。豈有不仁而能行禮樂者乎。抑聞之。聖人未嘗面折人以其過。其於門人宰我樊遲之失。皆於其既出而言之。使之有聞焉而改。其長善救失。待人接物忠厚蓋如此

○子曰。飽食終日。無所用心。難矣哉。不有博弈者乎。為之猶賢乎已。

博局戲也。弈圍棊也。○魯齋王氏曰。博。說文作簙。局戲也。六箸十二棊也。古烏曹作簙。說文弈從廾。言竦兩手而執之。圍棊謂之弈。已。止也。李氏曰。聖人非教人博弈也。所以甚言無所用心之不可爾。朱子曰。心若有用。則心有所主。只看如今纔讀書。則心便主於讀書。纔寫字。則心便主於寫字。若是悠悠蕩蕩。未有不入於邪僻者。○此非啓博弈之端

乃假此以甚彼之辭。南軒張氏曰。飽食而無所用心。則放越而莫知其極。凡惡之所由生也。博弈雖不足道。然方其爲之意專乎此。比之放越而莫知其極者。猶爲愈焉。此章大抵言無所用心則長惡爲可畏耳。或問伊川嘗教人靜坐。若無所用心。只靜坐可否。雙峯饒氏曰。靜坐時須主敬。即是心有所用。若不主敬。亦靜坐不得。心是活底物。若無所用。則放僻邪侈無不爲已。聖人説難矣哉。所該甚廣

○子路曰。君子尚勇乎。子曰。君子義以爲上。君子有勇而無義爲亂。小人有勇而無義爲盜

尚上之也。君子爲亂。小人爲盜。皆以位而言者也。尹氏曰。義以爲尚。則其爲勇也大矣。子路好去聲勇。故夫子以此救其失也。胡氏曰。疑此子路初見孔子時問答也。朱子曰。子路之勇。夫子屢箴誨之。是其勇多有未是處。若知勇於義爲大勇。則不如此矣。又其勇有見得到處。便行

將去。如事孔悝一事。却是見不到。蓋不以出公之立爲非。觀其謂正名爲迂。斯可見矣。又曰。若是勇於義。必不仕季氏。○此章言君子者有三。其上二者。以德言也。其對小人者。則以位言耳。○南軒張氏曰。徒知勇之務。至於犯義者有之。尚義則義所當爲。勇固在其中矣。○慶源輔氏曰。尚義而勇。義理之勇也。勇而無義。血氣之勇也。爲血氣所使。而不以義理制之。則其爲害隨所居而爲大小。故在上則逆理而爲亂。在下則肆欲而爲盜。味子路之言。有自負其勇之意。而疑聖門或不以勇爲尚也。若後來進德高。必不復以此爲問矣。

○子貢曰。君子亦有惡乎。子曰。有惡。惡稱人之惡者。惡居下流而訕上者。惡勇而無禮者。惡果敢而窒者。惡去聲。下同。唯惡者之惡如字。訕所諫反。

訕。謗毀也。窒。不通也。稱人惡則無仁厚之意。下訕上則無忠敬之心。勇無禮則爲亂。果而窒則妄作。故夫子惡之朱子曰勇是以氣加人故易至於無禮果敢是率然敢爲蓋果敢而不窒則所爲之事必當於理窒而不果敢則於理雖不通然亦未敢輕爲惟果敢而窒者則不論是非而率然妄作此聖人所以惡之也○問果敢與勇相類如何分別雙峯饒氏曰果敢即前章之剛果敢屬性質勇屬血氣果敢者有學以開明之則不窒勇者有禮以節文之則不暴

曰賜也亦有惡乎惡徼以爲知者惡不孫以爲勇者惡訐以爲直者徼古堯反知孫並去聲訐居謁反

惡徼以下子貢之言也徼伺音笥察也訐謂攻發人之陰私○楊氏曰仁者無不愛則君子疑若無惡矣子貢之有是心也故問焉以質其是非侯氏曰聖賢之所惡如此所謂惟仁者能惡人也朱子曰夫子所惡以戒人子貢所惡以自警○南軒張氏

曰君子者惟其愛人故惡稱人之惡者爲其薄也惟其順德故惡居下流而訕上者爲其逆也惟其循禮故惡勇而無禮者爲其陵犯也惟其達義故惡果敢而窒者爲其窒行也此惡不善之公心亦天下之通義也以子貢之有問恐其專以惡人爲心則反有害故又從而叩之子貢之惡惡其近似而害於知勇與直者也子貢惡乎此則所以檢身者抑可知矣○慶源輔氏曰楊氏說得子貢所以發問之意出侯氏說得聖賢不能無惡當於理之意明然夫子因子貢之問而又以賜也亦有惡乎發之使之得以盡其說又見聖人氣象從容誠意審密有以盡人之情如此○鄭氏曰子貢雖方人亦不從事於徼許也疑與子路之問同時故問答雖切子貢方人之病而亦有諷子路之勇者稱惡訕上警子貢也徼許子貢自警也至於勇而果敢則爲子路而發夫聖賢之所惡如此唯仁者能惡人夫子以之惡不仁者其爲仁矣子貢有焉○雲峯胡氏曰聖賢之所惡若有不同然子貢所謂徼許者因夫子所謂稱人之惡與訕上者而推之也所謂不遜者因夫子所謂無禮與窒者而言之也

○子曰：唯女子與小人爲難養也。近之則不孫，遠之則怨。

近、孫、遠，並去聲。

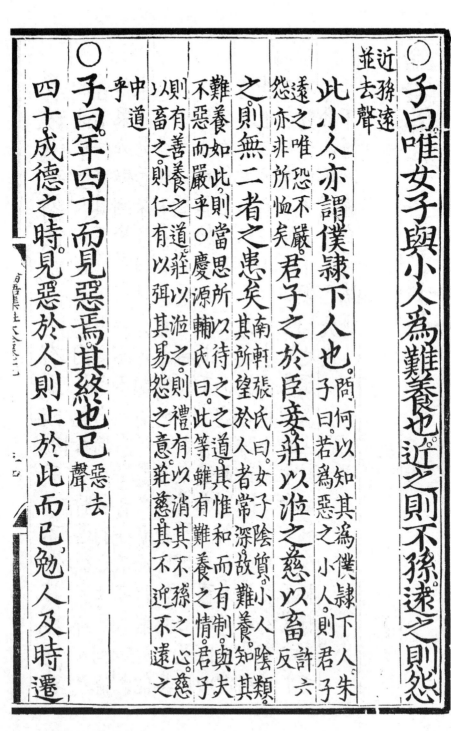

此小人，亦謂僕隷下人也。問何以知其爲僕隷下人。朱子曰：若爲惡之小人，則君子遠之唯恐不嚴，怨亦非所恤矣。君子之於臣妾，莊以涖之，慈以畜許六反之，則無二者之患矣。南軒張氏曰：女子陰質，小人陰類。其所望於人者常深，故難養。知其難養如此，則當思所以待之之道。其惟和而有制與？夫不惡而嚴乎？○慶源輔氏曰：此等雖有難養之情，君子則有善養之道。莊以涖之，則禮有以消其不孫之心；慈以畜之，則仁有以弭其易怨之意。莊慈其不近不遠之中道乎？

○子曰：年四十而見惡焉，其終也已。惡，去聲。

四十，成德之時。見惡於人，則止於此而已。勉人及時遷

善改過也。蘇氏曰。此亦有爲去聲下同而言。不知其爲誰也
問此章聖人立言之意。固是勉人及時進德。然亦人之
善者好之。其不善者惡之。苟有特立獨行之士。不徇流
俗。衆必群嘲共罵。何爲而不見惡。學者亦不可不知也。
未知是否。朱子曰。見惡。亦謂有可惡之實。而得罪於能
惡人者。非不善者惡之之謂也。○南軒張氏曰。此又甚
於四十無聞者。有惡可惡。又下於無善可聞也。○吳氏
曰。終。止也。其終也已。哀其不復有進也。○厚齋馮氏曰。
人之血氣。三十而壯。四十而定。過此則神日衰。怠少能
精進。故古人以四十爲成德之時。無聞見惡。皆以是爲
斷也。蓋世有晚而知道者。焉得而絕之。故知其爲有爲
之言。○雙峯饒氏曰。古人多說四十。如四十不惑。四十
不動心。四十五十無聞之類。蓋至是血氣盛極將衰之
年。於此無成。則亦已矣。後
生不可不痛自警省也

論語集註大全卷之十七

論語集註大全卷之十八

微子第十八

此篇多記聖賢之出處上聲凡十一章

微子去之箕子爲之奴比干諫而死

微箕二國名子爵也微子紂庶兄箕子比干紂諸父伯叔父也微子見紂無道去之以存宗祀箕子比干皆諫紂殺比干囚箕子以爲奴箕子因佯音羊狂而受辱史記宋世家微子者殷帝乙之首子而紂之庶兄也紂既立不明淫亂於政微子數諫不聽度終不可諫遂亡箕子者紂親戚也紂始爲象箸箕子歎曰彼爲象箸必爲玉杯爲玉杯則必思遠方珍怪之物而御之矣輿馬宮室之漸自此始不可振也紂淫泆箕子諫不聽乃被髮佯狂而爲奴王子比干者亦紂之親戚也見箕子諫不聽而爲奴則曰君

有過而不以死爭，則百姓何辜？」乃直言諫紂。紂怒曰：「吾聞聖人心有七竅，信有諸乎？」乃遂殺比干，刳視其心。微子曰：「父子有骨肉，而臣主以義屬。故父有過，三諫不聽，則隨而號之；人臣三諫不聽，則其義可以去矣。」於是遂行。周武王伐紂克殷，微子乃持其祭器造軍門，於是武王乃釋微子，復其位如故。

孔子曰：「殷有三仁焉。」

三人之行去聲不同，而同出於至誠惻怛當葛反之意，故不咈乎愛之理，而有以全其心之德也。楊氏曰：「此三人者，各得其本心，故同謂之仁。」問：「微子之去，欲存宗祀；比干之死，欲紂改行，可見其至誠惻怛處。不知箕子至誠惻怛何以見？」朱子曰：「箕子、比干都是一樣心。箕子偶然不衝著紂之怒，不殺他，然見比干恁地死，若更死諫，無益於國，徒使君有殺諫臣之名。他處此最難。微子去却易，比干一向諫死又却索性，箕子在半上落下，最是難處。被他監繫在那裏，不免佯狂。所以易中特說箕子之明夷，可見其難處。故曰利艱貞。

晦其明也。內難而能正其志。箕子以之。他外雖狂。心則
定也。○或問按殷紀。微子先去。比干乃諫而死。然後箕
子佯狂爲奴。爲紂所囚。蓋微子帝乙元子。當以先王宗
祀爲重。義當早去。又決知紂之不可諫也。故遂去之而
不以爲嫌。比干少師。義當力諫。雖知其不可諫而不可
已也。故遂以諫死而不以爲悔。箕子見比干之死則知
已之不可諫。且不忍復死以累其上也。見微子之去則
知已之不必去。且不忍復去以背其君也。故佯狂爲奴
而不以爲辱。此可見三仁之所爲易地皆然。或以爲箕
子天畀九疇未傳而不敢死。則其爲說迂矣。同謂之仁
者。以其皆無私而各當理也。無私。故得心之體而無違。
當理。故得心之用而不失。此所以全心之德。而同謂之
仁歟。史記三子之事與夫子此言先後不同者。史所書
者事之實。此以事之難易爲先後耳。○張氏庭堅曰。死者
非沽名。生者非懼禍。而引身以求去者非要利以忘君。
仁之所存。義之所主。其去就死生。不在於一身而在於
天下國家也。○勉齋黃氏曰。或問言仁與集註不同者。
先師言仁之義。則固以心之德愛之理爲主矣。言人之
所以至於仁。則以爲無私心而皆當理也。或問之言。指
三子之所以至於仁而言也。集註之言。正指仁之義而

言也。然其曰不咈乎愛之理而有以全其心之德。曰全。曰不咈。則或問之意亦在其中矣。讀者默而識之可也。○慶源輔氏曰。愛之理。分言之仁也。心之德專言之仁也。不咈乎愛之理。指惻怛而言。有以全其心之德指至誠而言也。○厚齋馮氏曰。三人者不特爲國大臣。又有親屬之愛存焉。使爲大臣而已也。以道事君。不可則止。惟其有親屬之愛。宗祀存亡。寔同休戚。故或死或去或囚而不辭。是以謂之仁。○雙峯饒氏曰。前三句。門人因孔子殷有三仁一句。却記上三事爲提頭。然當時所記。必有次序。當箕子未奴。比干未死時。微子已有去志。書曰。我其發出狂。吾家耄遜于荒。箕子又勉其去曰。詔王子出迪。王子弗出。我乃顛隮。則微子之去在先無疑。其次箕子之奴。比干之死。雖未知孰先孰後。竊意箕子之諫必在先。是時紂尚能容。止囚奴之而已。及比干繼之。則忿嫉已甚。故竟殺之。三人之行雖不同。皆非有所爲而爲之也。或問據史記殷紀以爲箕子之奴在比干既死之後。次序與此不同。疑當以論語爲正。又曰。集註於伯夷叔齊求仁得仁章。曰合乎天理之正。即乎人心之安。於此則云不咈乎愛之理。此處便有差等。蓋合字即字是順說。不咈則似有所咈而實無所咈。且如微子是紂之兄箕子比干是紂之諸父皆同姓之親今或去或奴或諫死皆似傷乎愛之理然其本心只是愛君憂國皆有至誠惻怛之意故曰不咈乎愛之理中庸稱舜曰大德必得其名至武王只說不失天下之顯名蓋武王殺紂似乎失名其實不失○雲峯胡氏曰至誠惻怛蓋謂三仁愛君憂國皆非有所爲而爲也一有所爲而爲之則雖有惻怛之意而非出於至誠矣至誠者仁之存惻怛者仁之發集註特下不咈二字蓋自上文不同字生來三子之行不同其跡似相違以去者爲仁則不去者似咈乎仁矣以死者爲仁則不死者似咈乎仁矣惟其皆有至誠惻怛之意則其去就死生雖不同而皆不咈乎愛之理即所以全其心之德也

○柳下惠爲士師三黜人曰子未可以去乎曰直道而事人焉往而不三黜枉道而事人何必去父母之邦三去聲焉於虔反

士師獄官魯齋王氏曰舜命皋陶汝作士士之名始見於刑官周禮秋官司寇之屬有士師之職刑

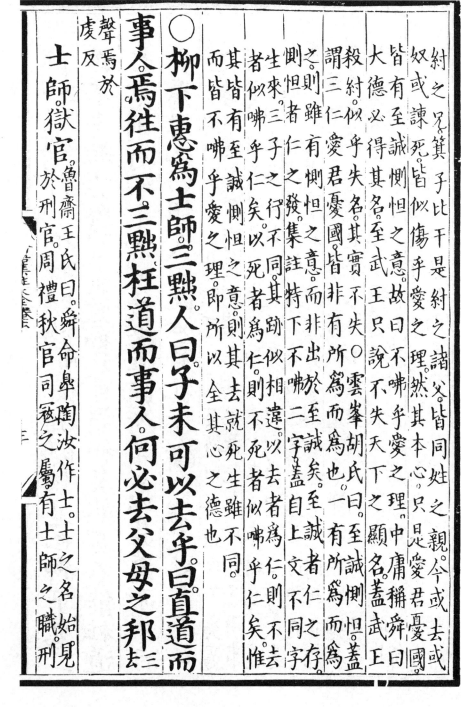

官曰士。其長曰師。故士師之下有鄉士。遂士。縣士。方士。訝士。皆掌獄訟者。黜。退也。柳下惠三黜不去。而其辭氣雍容如此。可謂和矣。然其不能枉道之意則有確乎不可拔者。是則所謂必以其道而不自失焉者也。○胡氏曰。此必有孔子斷丁亂反之之言而亡之矣。問柳下惠三黜。雖可以見其必以其道而不失焉者。然亦便有箇不綦底意思。故記者以孔子兩事序於其後。觀孔子之事。則知下惠之事亦未得爲中道。朱子曰。也是如此。惟是孟子說得好。曰聖人之行或遠或近。或去或不去。歸潔其身而已矣。下惠之行雖不比聖人合於中道。然而歸潔其身則有餘矣。○問柳下惠三黜而不去。其言若曰苟以直道事人。雖適他國終未免三黜。若肯枉道事人。自不至三黜。又何必去父母之邦。觀其意蓋自信其直道而行。不以三黜爲辱也。此其所以爲和而介歟。若徒知其不去之爲和。而不知其所以三黜者之爲有守。未足以議柳下惠也。未知是否。曰。得之。○或問柳下惠仕而屢黜。黜而復仕。至於三黜而又不去焉。何也。曰。進不隱賢。必以其道。不以三公易其介。所以屢黜而至於三。降志辱身。援而止之而止。雖袒裼裸裎於我側。不以爲浼。所以黜而復仕。旣三黜而遂不去也。或曰。惠知直道之必黜而不去。然則其將枉道以事人乎。曰。不然也。惠之意若曰我但能直道事人。則固不必去魯而適他國矣。其言泛然若無所指。蓋和者之氣象如此。而其道則固自信其不能枉道而事人矣。是以三黜之後雖不屑去。然亦意其遂不復仕。故孔子列之於逸民之目。○南軒張氏曰。柳下惠仕則仕。黜則黜。而未嘗枉其道也。若枉道則害於和之理矣。至於孔子道不行。父母之邦可以去而亦去。雖周行天下而未嘗苟仕也。則與下惠異矣。此篇記柳下惠於三仁之後。以明其趨之一。下文又詳著孔子之事。以見聖人之爲至矣。如楚狂耦耕荷蓧之徒。則陷於一偏而不足以知聖人者。夷齊之下。雖各得其道而未盡其至者。終之以孔子之無可無不可。蓋於是無以加矣。此孟子集大成之意也。○勉齋黃氏曰。列二章於篇首。以見古人出處不同。亦各有義。然後著孔子之事。以見聖人之出處也。○洪氏曰。是時三家漸已用事。其於獄必有以私意行之者。禽不曲法以徇之。所以三黜也。然悅佞而惡直者。

天下皆是。何必去哉○雙峯饒氏曰。柳下惠謂直道事人焉往而不三黜。是欺天下無一君之可事。無一國之可往。此便是他不恭處。若夫子則歷聘侯國。何嘗以天下爲無可有爲之人。但惠辭氣雍容不迫。而不枉道之意自在其中。此所以爲聖之和也。胡泳嘗云蚳鼃辭靈丘而請士師。士師在邑宰之下。官小可知。惠三爲之。不卑小官可見。三黜亦想因諫諍刑罰不中而然○新安陳氏曰。直道難容。雖他國皆然。枉道易合。雖吾國亦可。言終不能枉道以求合。則姑守道而不去也。其三黜不去雖見其和。而不能枉道則不失其介可謂和而不流强哉矯者矣

○齊景公待孔子曰。若季氏則吾不能。以季孟之閒待之。曰。吾老矣。不能用也。孔子行

魯三卿季氏最貴。孟氏爲下卿。孔子去之事見形甸反世家。史記孔子世家。齊景公復問政於孔子。曰。政在節財。景公說。音悅將欲以尼谿田封孔子。晏嬰進曰。夫儒

者滑稽而不可軌法。索隱曰。滑。謂亂也。稽。同也。以言辯
捷之人。言非若是。言是若非。能亂同異也。言儒者滑稽
而不爲法度也倨傲自順。不可以爲下。崇喪遂哀破產
厚葬。不可以爲俗。游說乞貸。不可以爲國。自大賢之息。
周室既衰。禮樂缺有閒。索隱曰。息者。生也。言上古大賢
生則有禮樂。至周室微而始缺有閒也今孔子盛容飾
繁。登降之禮。趨詳之節。累世不能殫其學。當年不能究
其禮。君欲用之以移齊俗。非所以先細民也。後景公敬
見孔子。不問其禮。異日景公止孔子曰。奉子以季氏吾
不能。以季孟之閒待之。齊大夫欲害孔子。孔子聞之。景
公曰。吾老矣弗能用
也。孔子遂行。反乎魯然此言必非面語音御孔子。蓋自以
告其臣而孔子聞之爾○程子曰。季氏強臣。君待之之
禮極隆。然非所以待孔子也。以季孟之閒待之。則禮亦
至矣。然復扶又反曰吾老矣。不能用也。故孔子去之。蓋不
繫待之輕重。特以不用而去爾慶源輔氏曰。景公之言
雖實而失於率易。聖人

德盛道尊。見者必加敬而盡禮。況景公素知聖人者。必不敢以是言而面瀆之。所謂自以告其臣而孔子聞之之說當矣。○趙氏曰。苟以利心觀。則必以爲聖人之去有繫乎待之輕重也。故程子特釋之。○厚齋馮氏曰。此與其臣議所以處孔子之辭。孔子魯人也。故議以魯君所以待三卿者待之。是時諸侯之賢。而國勢富强者宜莫如齊之景公。此孔子之所以願仕焉者也。晏平仲得政已三世矣。景公至魯。與孔子語而說之。其後孔子不得志於魯。遂之齊。景公數問政而說。嬰之所深忌也。所以欲害孔子而進間言也。方責效於期月之間。而嬰乃謂累世不能殫其學。此景公所以謂吾老而不可俟也。○新安陳氏曰。景公初欲用孔子。蓋本心之暫明。終不能用。乃蔽於私意之昏弱。終於亂亡宜矣

○齊人歸女樂。季桓子受之。三日不朝。孔子行。歸如字或作饋朝音潮

季桓子魯大夫。名斯。按史記定公十四年。孔子爲魯司

冠攝行相去聲事。齊人懼歸女樂以沮在呂反之。史記世家。定公以孔子爲中都宰。一年。四方皆則之。由中都宰爲司空。由司空爲大司寇。定公十四年。孔子年五十六。由大司寇攝行相事。於是誅魯大夫亂政者少正卯。與聞國政。三月。粥羔豚者弗飾賈。男女行者別於塗。塗不拾遺。四方之客至乎邑者不求有司。有司常供其職。客求而有在也。皆予之以歸。齊人聞而懼曰。孔子爲政必霸。霸則吾地近焉。我爲之先并矣。盍致地焉。犂鉏曰。請先嘗沮之。沮之不可。則致地庸遲乎。於是選齊國中女子好者八十人。皆衣文衣而舞康樂。文馬三十駟。遺魯君。陳女樂文馬於魯城南高門外。季桓子微服往觀再三。將受乃語魯君爲周道游觀終日。怠於政事。子路曰。夫子可以行矣。孔子曰。魯今且郊。如致膰於大夫。則吾猶可止。桓子卒受齊女樂。三日不聽政。郊又不致膰俎於大夫。孔子遂行

尹氏曰。受女樂而怠於政事如此。其簡賢棄禮。不足與有爲可知矣。新安陳氏曰。於用孔子之時而如此。簡賢也。三日不朝。棄禮也。夫子所以行也。所謂見幾平聲而作。

不俟終日者與音余此引易繫辭之語○問史記載魯今且郊如致膰于大夫則吾可以止設若致膰則夫子果止否朱子曰也須去只是不若此之速必别討一事故去且如致膰亦不是大段失禮處聖人但因此且求去爾○孔子於受女樂之後而遂行若言之似顯君相之過不言則己爲苟去故因膰肉不至而行則吾之去國以其不致膰爲得罪於君耳○南軒張氏曰去讒遠色賤貨而貴德所以勸賢也今好色而忘敬賢之心則道之不行可見矣是以去之○呉氏曰夫子嘗適齊矣已不能用及反而仕魯又沮人用之怠己而忌人愚不肖之通患也桓子受制陽貨四五年幾不免死一旦得脫虎口而與夫子從事此其發憤自強之日也而境順於前心即驕逸夫子方欲輔桓子以有爲而桓子所爲若是固不得不行也孟子曰孔子於季桓子見行可之仕此曰季桓子不朝孔子行其仕其行皆以桓子而定公徒擁虛名於其上也悲夫○雙峯饒氏曰魯受女樂夫子已有去志若遽然便去非惟顯君之過且中齊人之計適然魯郊又不致膰肉故因此微過遂不稅冕而行○齊人歸女樂只說箇歸字畢竟是歸其女樂於魯君相皆有之不是專獻於桓子三日不

朝。亦是君臣皆不朝。緣當時辭受之權盡出於季氏。想是他既自受。又爲定公受之。又曰。女樂亦説得不一。一説陳女樂於城南。季桓子君臣共往觀之。三日不朝。一説召女樂而受之。三日不朝。這兩説不同。然無可考訂處。未詳孰是。○新安陳氏曰。舉淫聲美色而爲一者。女樂也。爲國家禍其有甚於此哉

○范氏曰。此篇記仁賢之出處上聲而折中以聖人之行去聲所以明中庸之道也 慶源輔氏曰。仁。謂三仁。賢。謂柳下惠及下章逸民之類。夫子於齊魯非不欲仕。亦未嘗必於仕。但可仕則仕。可止則止。此所以爲中庸之道也。接輿以下則未免於偏而過之矣

○楚狂接輿歌而過孔子曰。鳳兮鳳兮。何德之衰。往者不可諫。來者猶可追。已而已而。今之從政者殆而

接輿。楚人。佯狂避世。邢氏曰。接輿。姓陸。名通。昭王時。佯狂不仕。時人謂之楚狂 夫子時將適楚。故接輿歌而過其車前也。鳳。有道則見。形甸反

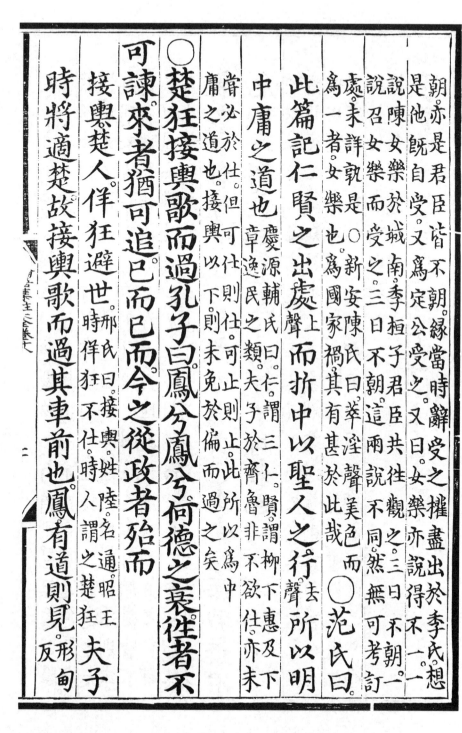

無道則隱。慶源輔氏曰。鳳。靈物也。有道則見。無道則隱。鳳固然也。至於無道而不隱。則鳳之德衰矣。然以此論君子守身之常法則可矣。於聖人體道之大權。則又不可以比例論也。○雙峯饒氏曰。鳳。世治則生。亂則不生。即是有道則見。無道則隱之義。蓋麟鳳皆不是有種之物。惟聖王在上。天地泰和。所以元氣之會。鍾爲麟鳳。如鸐生鶴。馬生龍駒之類。接輿以比孔子而譏其不能隱爲德衰也。來者可追。言及今尚可隱去。已。止也。而。語助辭。殆。危也。接輿蓋知尊夫子而趨不同者也。慶源輔氏曰。觀接輿之言。既比之以鳳。而又疑其衰。既幸其或止。而又慮其殆。語意懇懃諄復。是誠知尊聖人者矣。然其所趨。則在於絕人逃世以遠害全身而已。其與聖人之心。蓋不啻如氷炭白黑之不同也。○胡氏曰。趨不同者。接輿有避世之心而無救世之志。有堅持之操而無變通之學也

孔子下。欲與之言。趨而辟之。不得與之言。辟。去聲

孔子下車。蓋欲告之以出處上聲之意。接輿自以爲是。故不欲聞而辟之也。問楚狂接輿等。伊川謂荷蓧稍高。朱子曰。以其尚可告語。若接輿則全不可曉。問當亂世必如孔子之才可以救世。而後可以出。其他亦何必出。曰。亦不必如此執定。君子之仕。行其義也。亦不可一向滅跡山林。然仕而道不行。則當去耳。○南軒張氏曰。接輿之意。蓋欲夫子隱居以避世耳。觀其知鳳德之衰。且辭氣舒暢不迫。其爲人天資亦高矣。故夫子意其可以告語。而欲與之言。其趨而辟。蓋匿其聲跡而已

○長沮桀溺耦而耕。孔子過之。使子路問津焉。沮七余反溺乃歷反

二人。隱者。耦。並耕也。時孔子自楚反乎蔡。津。濟渡處。吳氏曰。接輿書楚。故沮溺丈人不復書楚。蓋皆楚人。○雙峯饒氏曰。兩耜同隊而耕。謂之耦耕

長沮曰。夫執輿者爲誰。子路曰。爲孔丘。曰。是魯孔丘與。曰。

是也。曰。是知津矣。夫音扶 與平聲

執輿。執轡在車也。蓋本子路御而執轡。今下問津。故夫子代之也。知津。言數音朔周流自知津處

問於桀溺。桀溺曰。子爲誰。曰爲仲由。曰是魯孔丘之徒與。對曰。然。曰。滔滔者天下皆是也。而誰以易之。且而與其從辟人之士也。豈若從辟世之士哉。耰而不輟。徒與之與平聲 滔吐刀反 辟去聲 耰音憂

滔滔。流而不反之意。以。猶與也。言天下皆亂。將誰與變易之。而。汝也。辟人。謂孔子。辟世。桀溺自謂。耰。覆敷救反種上聲也。新安倪氏曰。韻會注。布種後以耰摩田。使土開處復合以覆種 亦不告以津處南軒

張氏曰。謂當世滔滔一律。誰肯以夫子之道易己所爲。言其徒勞耳○慶源輔氏曰。桀溺以夫子爲辟人。而天下皆滔滔不反。則世人無一不可避者。故絶人逃世以爲潔。而自謂其能避世○雙峯饒氏曰。言舉世趨於不善。今雖欲易之。無可與爲善之人也

子路行以告。夫子憮然曰。鳥獸不可與同群。吾非斯人之徒與而誰與。天下有道。丘不與易也。憮音武與如字

憮然。猶悵然。惜其不喻己意也。言所當與同群者斯人而已。豈可絶人逃世以爲潔哉。天下若已平治。去聲則我無用變易之。正爲去聲天下無道。故欲以道易之耳程子曰。桀溺言天下衰亂。無道者滔滔皆是也。孔子雖欲行其教。而誰可以化而易之。孔子言如使天下有道。我則無所治。不與易之也。今所以周流四方。爲時無道故也○慶源輔氏曰。天之生聖賢。欲其平治天下者。理之常也。其

或雖生聖賢。而未欲平治天下者。理之變也。然既曰聖賢。則必以天地之常者爲心。而其所以平治天下之道。又備盡於己。舉而措之。易亂爲治。易危爲安。固必有自然之應。而天果未欲平治天下也。則亦安於理而已。若天下既已平治。則亦何用聖人以易之哉。○新安陳氏曰。沮溺以賢人自守之心而量聖人濟世之心。宜其不足以知聖人也。

○程子曰。聖人不敢有忘天下之心。故其言如此也。張子曰。聖人之仁。不以無道必天下而棄之也。

朱子曰。說聖人無憂世之心固不可。謂聖人視一世未治。常恁地戚戚憂愁無聊過日亦非也。但要出做不得。又且放下。其憂世之心。要出仕者。聖人愛物之仁。至於天命未至。亦無如之何。○雲峯胡氏曰。聖人不敢有忘天下之心。則沮溺忘天下者也。聖人之仁不以無道必天下而棄之。則沮溺棄天下者也。仁者以天地萬物爲一體。民胞物與。何忍忘之。又何忍棄之。於此見沮溺之爲忍。聖人之爲仁。沮溺之爲過。聖人之爲中歟

○子路從而後。遇丈人以杖荷蓧。子路問曰。子見夫子乎。

丈人曰四體不勤五穀不分孰爲夫子植其杖而芸蓧徒弔反植音值

丈人亦隱者蓧竹器分辨也五穀不分猶言不辨菽麥爾左傳成公十八年晉欒書中行偃使程滑弑厲公使荀罃士魴逆周子于京師而立之悼公周也生十四年矣周子有兄無慧不能辨菽麥故不可立菽大豆也豆麥殊形易别故以爲痴者之候不慧蓋世所謂白痴責其不事農業而從師遠遊也植立之也芸芸上聲草也

子路拱而立

知其隱者敬之也

止子路宿殺雞爲黍而食之見其二子焉明日子路行以告子曰隱者也使子路反見之至則行矣食音嗣見賢遍反

孔子使子路反見之蓋欲告之以君臣之義而丈人意

子路必將復扶又反來。故先去之以滅其跡。亦接輿之意也

子路曰。不仕無義。長幼之節。不可廢也。君臣之義。如之何其廢之。欲潔其身而亂大倫。君子之仕也。行其義也。道之不行。已知之矣。長上聲

子路述夫子之意如此。慶源輔氏曰。夫子所以使子路反見之。豈徒然哉。必有以也。而丈人絕人逃世。貌然不復知有君臣之義。則夫子之欲告之。宜莫先於此也。觀子路所述夫子之意。固可見矣。趙氏曰。子路所言。雖未可即以為夫子之語。然使之反見。則必授以見之之意矣。故知其述夫子之意無疑也。蓋丈人之接子路甚倨。居御反而子路益恭。慶源輔氏曰。此亦子路學力之所至丈人因見其二子焉。則於長幼之節。固知其不可廢矣。故因其所明以曉之。倫。序也。人之大倫有五。父子

有親。君臣有義。夫婦有別。長幼有序。朋友有信是也。新安陳氏曰。大倫備於五者。此所謂潔身而亂大倫。只是說廢君臣之大倫仕所以行君臣之義。故雖知道之不行而不可廢。然謂之義。則事之可否身之去就。亦自有不可苟者。是以雖不潔身以亂倫。亦非忘義以徇祿也。新安陳氏曰。潔身亂倫。沮溺丈人之儔。過乎中庸者也。忘義徇祿。苟仕饕富貴之徒。不及乎中庸者也。福州有國初時寫本。路下有反子二字。新安陳氏曰。朱子嘗爲福之同安簿。意必自見此寫本也。以此爲子路反而夫子言之也。未知是否。問集註云仕所以行義。末云亦非忘義以徇祿。似是兩意。朱子曰。只是一意。纔說義便是總去就都說。道合則從。不合則去。即是此義。惟是出仕。方見得不仕便無了這義。聖人憂世之心。固是急欲得君行道。到靈公問陳。遂行。景公不能用又行。桓子受女樂又行。無一而非義。○或問道之不行矣。而徒仕可乎。曰。仕所以行義也。義則有可不可矣。義合而從。則道固不患於不行。不合而去。則道雖不行。而義亦未嘗廢也。是以君子雖知道之不行。而未嘗不仕。然亦未嘗懷私徇祿而茍於仕也。由此觀之。道義之未嘗相離。亦可見矣○君子之仕也。行其義也。義便有進退去就在裏。如丈人直是截斷。只見一邊○南軒張氏曰。丈人見二子。是長幼之節不可得而廢也。既不可廢。則夫君臣之義。又烏得而廢之乎。彼蓋欲潔其身而不知亂倫之害於人道爲大也。君子之仕。豈爲他哉。行吾義而已。道之不行。君子豈不知乎。而汲汲於斯世者。固有不可以已者也○慶源輔氏曰。丈人之接子路雖倨。而子路益恭。丈人因見其二子。蓋因子路之敬長。有以感發其心。而知長幼之節不可廢耳。夫長幼之節。君臣之義。皆天叙之典。人之所不能無也。丈人知長幼之節不可廢。而不知君臣之義不可廢。是其心必有所蔽。故一得一失。或明或暗。而不自知其然也。聖人於此。因其所明而曉之○君臣之義。雖本乎天而具乎我者也。道雖存乎我。而其行止則繫乎天者也。具乎我者不可廢。而繫乎天者則非敢必也。故孔子雖卒老于行而終不敢深藏固閉以自潔。而廢君臣之義。然義之爲言宜也。既曰義。則事便有可否。身便有去就。可則就之。否則去之。固有截然不可移易者。故聖人之法。君子之行。既不可以潔身而亂倫。如隱者之爲。亦不可以忘義而徇祿如世俗之仕者也。○雙峯饒氏曰。前章說天下有道不與易可見聖人救世之仁。此章說君臣之倫不可廢。可見聖人出仕之義。問行其義與道之不行。道義如何分。曰。只一般。道指全體言。義指一事言。如父子親。君臣義。至朋友信。總言皆道也。聖人之道行於天下。則人人共由此道。如義。只是君臣有義一件而已。然道必遇賢君而後行。義則是我自家行底。孔子雖知當時道之不行。而自家却不可不行其義。

○范氏曰。隱者爲高。故往而不返。仕者爲通。故溺而不止。不與鳥獸同群。則決性命之情以饕音叨富貴。莊子駢拇篇。不仁之人。決性命之情而饕富貴。決。破壞也。貪財曰饕。○雙峯饒氏曰。爲是作爲之爲。隱者專要做那高尚底事。所以甘於長往而不返。仕者專要做那通達底事。所以溺於下流而不止也。爲高者絕物忘世。爲通者患得患失。二者皆非中道。決。如決水。壞了隄防。便走了水。性原於命。發爲情。皆天理發見出來者。

所以謂之性命之情。若心貪溺於富貴。必壞了性所發爲四端之情。如決去水之隄防。如何留得水住

此二者皆感也。是以依乎中庸者爲難。惟聖人不廢君臣之義不潔身以亂倫而必以其正。不忘義而徇祿所以或出或處上聲而終不離去聲於道也。道。即中庸之道。○問接輿歌而過孔子。蓋欲以諷切孔子。孔子欲與言之。則趨而避之。孔子使子路問津於長沮桀溺。固將有以發之。而二人不答所問。傲然有非笑孔子之意。至於荷蓧丈人知子路之賢。則止子路宿。殺雞爲黍而食之。見其二子焉。其親之厚之如此。孔子使子路反見之。則先去而不願見矣。數子者若謂其無德而隱。則佯狂耕耘以避亂世。澹然不以富貴利達動其心。而確然自信不移若有所得者。若謂其無故而隱。則危邦濁世道既不行。亦未見其必可以仕也。特其道止於歸潔其身。而不知聖人所謂仕止久速者。知所謂無可者矣。而未知所謂無不可者也。故其規模氣象。不若聖人之正大。若以索隱行怪視之。愚意未知是否。朱子曰。無道而隱。如蘧伯玉柳下

惠可也。被髮佯狂。則行怫矣。沮溺荷蓧。亦非中行之士也。○勉齋黃氏曰。列接輿以下三章於孔子行之後。以明夫子雖不合而去。然亦未嘗恝然忘世。所以爲聖人之出處也。然即三章讀之。見此四子者。律以聖人之中道。則誠不爲無病。然味其言。觀其容止。以想見其爲人。其清風高節。猶使人起敬起慕。彼於聖人猶有所不滿於心如此。則其視世之貪利祿而不知止者。不啻若犬彘耳。是豈非當世之賢而特立者歟。以子路之行行而拱立。丈人之側若子弟然。豈非其真可敬故歟。嘗謂若四人者。惟夫子然後可以議其不合於中道。未至於夫子者。未可以妄議也。貪祿嗜利之徒。求以自便其私。亦借四子而詆之。欲以見其不可不仕。多見其不知量也

○雙峯饒氏曰。勉齋此段。發集註之未發。四子皆賢人。他纔見世亂。便以避世爲高。是甚次第。但孔子之意則又謂當此世。若人人如此避世。天下誰與治者。故不得不行其義。勉齋又嘗云。在今日救世之道。正當扶起沮溺等人。此真名言。○雲峯胡氏曰。接輿沮溺丈人章首冠以楚狂二字。皆楚之狂者也。狂者志行之過。集註此篇之末。謂夫子於此四人。有惓惓接引之意。在陳之歎蓋亦如此。然魯之狂士。何幸而得在聖人陶冶之中。楚

之狂者。又何不幸而自棄於聖人造化之外也哉

○逸民伯夷叔齊虞仲夷逸朱張柳下惠少連少去聲下同

逸遺逸民者無位之稱虞仲即仲雍與泰伯同竄荊蠻者夷逸朱張不見形甸反下同經傳去聲少連東夷人

子曰不降其志不辱其身伯夷叔齊與與平聲

新安陳氏曰非其君不事不降志可見不立惡人之朝不辱身可見

謂柳下惠少連降志辱身矣言中倫行中慮其斯而已矣中去聲下同

柳下惠事見上李氏曰惠不辭小官降志也不羞汙君辱身也倫義理之次第也慮思慮也中慮言有意義合人心少連事不可考然記稱其善居喪三日不怠三月不解居隘反朞悲哀三年

憂。記雜記下。孔子曰。少連大連善居喪。三日不怠。三月不解。期悲哀。三年憂。東夷之子也。言其生於夷狄而知禮也則行之中慮亦可見矣慶源輔氏曰。慮對倫而言。倫是義理之次第。則慮亦人之正思慮也。中倫。謂所言合倫理。中慮。謂所行當人心。人心。乃人之公心。卽義理所在也。或以爲中我之思慮者誤矣。○雙峯饒氏曰。降志辱身。行似卑汚。但其言中倫。行中慮。異乎他人之降志辱身。所可取者如此而已矣。使不中倫慮。則降志辱身。便不好了

謂虞仲夷逸。隱居放言。身中清。廢中權

仲雍居吳。斷音短髮文身裸力果反以爲飾。左傳襄公七年。子貢曰。太伯端委以治。周禮。仲雍嗣之。斷髮文身。臝以爲飾隱居獨善。合乎道之清。放言自廢。合乎道之權慶源輔氏曰。仲雍退處句吳。以獨善其身。所以合乎道之清。清卽伯夷之清也。放言。自示其不可用。所以合乎道之權。放言雖無所考。然觀其斷髮文身之爲。則放言自廢。固宜有之。○雙峯

饒氏曰。中清中權。是合道理底清權。故集註皆以合道釋之

我則異於是無可無不可

孟子曰。孔子可以仕則仕。可以止則止。可以久則久。可以速則速。所謂無可無不可也南軒張氏曰。無可者。不以可爲主也。無不可者。不以不可爲主也。夫子之心。當可則可。當不可則不可。其曰無者。言其不存乎心也。若夷齊之心。則未免有不可。下惠少連。則未免有可也。○致堂胡氏曰。無可無不可。以五字成文。當渾全以會其意。不當分析以求其義。設有人焉。絕世離俗。無一可者。有是理乎。行之而善。亦孤介一隅之士耳。設有人焉。和光同塵。無一不可者。有是理乎。行之而善。亦委隨苟合之人耳。聖人無可而無不可。則非固也。聖人無不可而無可。則非流也。言之如平常。行之實未易。聖人從容中道。無所偏倚。德盛仁熟。自然發諸言語者如此。○雙峯饒氏曰。方其事未定之時。則此心無可無不可。及其事已斷之後。則有可有不可矣○謝氏曰。七人隱遯不

汙則同其立心造行去聲則異伯夷叔齊天子不得臣諸侯不得友蓋已遯世離去聲群矣下聖人一等此其最高與音余○雙峯饒氏曰夷齊遯世離群與沮溺之徒不同遜國而逃父子兄弟之倫厚矣其諫伐而餓君臣之倫厚矣此便見他不是全然忘世底人柳下惠少連雖降志而不枉己雖辱身而不求合其心有不屑也故言能中倫行能中慮虞仲夷逸隱居放言則言不合先王之法者多矣然清而不汙也權而適宜也與方外之士害義傷教而亂大倫者殊科是以均謂之逸民慶源輔氏曰遯世離群出乾卦文言伯夷惟於清之一德極於聖耳他固有未盡也故曰下聖人一等然視數子之性行則固爲高矣隱居則非君子庸行然身中乎清而不汙然不汙而已去伯夷之清則有逕庭矣故言雖不合先王之法然自廢則中乎權而得宜權而得

宜。則權不失正也。方外之士。蓋指接輿沮溺丈人之徒。然此兩言實出莊子所謂遊方之外。不可拘於禮法也。故其弊必至於害君臣之義。傷先王之教。而賊亂人之大倫也。尹氏曰。七人各守其一節。而孔子則無可無不可。所以常適其可而異於逸民之徒也。新安倪氏曰。常適其可。如學記當其可之謂時之可。謂合乎理之當然也。揚雄曰。觀乎聖人。則見賢人。是以孟子語夷惠亦必以孔子斷丁亂反之。南軒張氏曰。七人者皆爲逸民。而制行則異。亦有深淺。固不同也。不降其志。不辱其身。其清之至與。下惠少連。雖立於惡人之朝。未免乎降志辱身。然道則未嘗枉也。故言不失於倫理。而行不違其思慮。此所謂由由然與之俱而不自失者也。至於虞仲夷逸。則又其次也。放言。謂其言放而不拘也。異乎中倫者矣。然而其持身。亦合於清者之所爲。而其退而廢也。亦非索隱行怪之爲。有合於權。爲可取也。若夫孔子之無可無不可。則異乎七子者之撰矣

○大師摯適齊大音泰

大師，魯樂官之長。上聲摯，其名也。

亞飯干適楚，三飯繚適蔡，四飯缺適秦。飯，扶晚反。繚，音了。

亞飯以下，以樂侑食之官。周禮，春官大司樂，王大食三宥，皆令奏鍾鼓。注，大食，朔日與月半，以樂宥食時也。宥，勸也。干、繚、缺，皆名也。朱子曰：白虎通曰，王者平旦食，晝食，晡食，暮食，凡四飯。諸侯三飯，大夫再飯，故魯之師官自亞飯以下蓋三飯也。○齊氏曰：魯諸侯，故止三飯，然不言一飯，豈周公錫天子樂而魯僭之，孔子正樂而去其一邪？記者起數以亞，其仍魯之舊，以見其昔之僭邪？○厚齋馮氏曰：天子諸侯皆以樂侑食，每食樂章各異，各有樂師。

鼓方叔入於河

鼓，擊鼓者。方叔，名。河，河內。

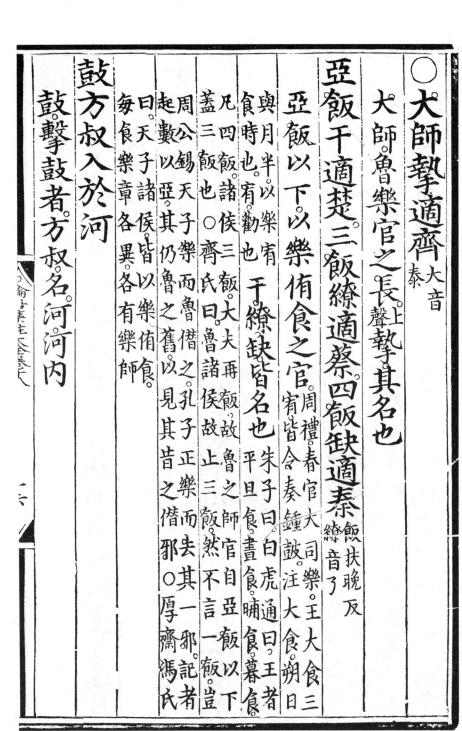

播鼗武入於漢鼗徒刀反

播搖也。鼗小鼓。兩旁有耳持其柄而搖之則旁耳還自擊。武名也。漢。漢中

少師陽擊磬襄入於海少去聲

少師樂官之佐。陽襄二人名。襄即孔子所從學琴者。海海島也史記世家孔子學鼓琴師襄子。十日不進。師襄子曰。可以益矣。孔子曰。丘已習其曲矣。未得其數也。有間曰。已習其數。可以益矣。孔子曰。丘未得其志也。有間曰。已習其志。可以益矣。孔子曰。丘未得其爲人也。有間曰。有所穆然深思焉。有所怡然高望而遠志焉。曰。丘得其爲人。黯然而黑。頎然而長。眼如望羊。望羊○視也如王四國。非文王其誰能爲此也。師襄子避席再拜曰。師蓋云文王操也○此記賢人之隱遁以附前章。然未必夫子之言也。末章放上聲此。張子

曰。周衰樂廢。夫子自衛反魯一嘗治之。其後伶音靈人賤工識樂之正。及魯益衰。三桓僭妄。自太師以下皆知散之四方。逾河蹈海以去亂。聖人俄頃之助。功化如此。如有用我。期月而可。豈虛語哉。勉齋黄氏曰。列此於逸民之後。以歎魯之末世決不可以復仕也。○慶源輔氏曰。自太師而下。皆傷時之衰禮樂僭妄。去而辟亂者。故以記逸民之後。○潛室陳氏曰。上失其道。下擅其權。大義不明。正論不行。則禮樂不可作。今也魯既衰矣。三家強僭。王綱爲之掃地。生民且塗炭矣。若是固可以作禮樂乎。夫既不可以作禮樂。則太師以下諸官。尚可以舉其職乎。夫既不可以舉其職。安得不散之四方。逾河蹈海以去亂乎。○雙峯饒氏曰。賢者仕於伶官。已是衰世之事。到夫子時伶官亦不可仕。想是時專尚淫哇之樂。正樂不行。是以皆散之四方○汪氏曰。記此篇者。先齊歸女樂。後此章。不無微意。蓋魯之君臣。惑溺於女樂。樂官失職。盡無所用矣。奔迸駭散。無一人留。樂工皆去。樂音絕矣。夫子初心欲定禮樂以示來世。而乃廢絶如此。此章所記雖若汎及。其實深有感也夫 ○新安陳氏曰。魯末樂崩。賢人而隱於樂官者皆散之四方。魯之衰微可知矣。夫子自衛反魯而正樂。故師摯之始有洋洋盈耳之盛。彼一時也。及其末年而樂衰。故自師摯之去。諸賢皆有望望潔身之高。此一時也。諸賢之去。固見魯政衰微之極。然諸賢知出處之義。而能去。亦見夫子道化之功也

○周公謂魯公曰。君子不施其親。不使大臣怨乎不以。故舊無大故則不棄也。無求備於一人

施陸氏本作弛。詩紙反。福本同 ○魯公。周公子伯禽也。弛。遺棄也。以。用也。大臣非其人則去上聲之。在其位則不可不用。大故謂惡逆。李氏曰。四者皆君子之事。忠厚之至也 胡氏曰。不弛其親。親親也。不使大臣怨乎不以。任賢也。故舊無大故不棄。敬故也。無求備於一人。用才也。

親親而不違。任賢而不貳。敬故而不忘。用才而不苟。皆忠厚之意。○胡氏曰。此伯禽受封之國。周公訓戒之辭。魯人傳誦久而不忘也。其或夫子嘗與門弟子言之歟。勉齋黃氏曰。列此於樂工之後。以嘆周之盛世其待親賢如此。則豈有樂工相率而去也哉。○雙峯饒氏曰。前章逾河蹈海。是魯末世事。此章是魯初立國時。其待親賢也如此忠厚。末後却使樂工不能安其身。豈不可歎。○雲峯胡氏曰。周家以忠厚立國。周公告魯公。字字皆是忠厚之意。使此意無盡。則太師以下何爲而去哉。門人記述相次。固有意也。

○周有八士。伯達、伯适、仲突、仲忽、叔夜、叔夏、季隨、季騧。騧烏瓜反

或曰。成王時人。或曰。宣王時人。蓋一母四乳而生八子也。然不可考矣。○乳音孺。說文人及鳥生子曰乳。獸曰産。胡氏曰。謂母孕乳而二人也。古者以

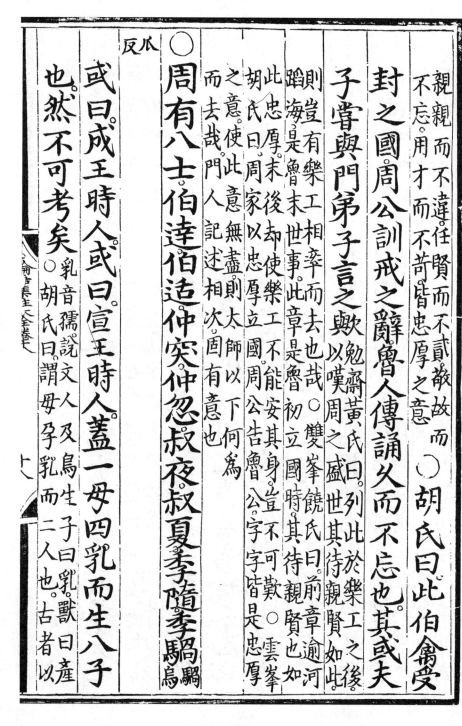

伯仲叔季爲長少之次。如仲孫叔孫之類。今重複命名。故意其四乳也○雙峯饒氏曰。四乳皆雙生。固爲異事。八子皆賢。尤異事也。故孔子稱之。可見周時氣數之盛 ○張子曰。記善人之多也。新安陳氏曰。記魯末賢人之隱遯。而終以周盛時賢人之衆多。其有傷今思古之心乎 愚按此篇孔子於三仁。逸民。師摯。八士。旣皆稱賛而品列之。於接輿。沮溺。丈人。又每有惓惓音權接引之意。皆衰世之志也。其所感者深矣。在陳之歎。蓋亦如此。三仁則無間去聲然矣。其餘數君子者。亦皆一世之高士。若使得聞聖人之道。以裁其所過而勉其所不及。則其所立豈止於此而已哉 新安陳氏曰。所過。謂離人以爲高。所不及。謂不能成物以見於用 ○勉齋黃氏曰。此篇多記仁賢之出處。列於論語將終之篇。蓋亦嘆夫子之道不行。以明其出處之義也。其次第先後。亦有可言者。君子之用於世。其或去或不去。莫不有義焉。三仁柳下惠是也。孔子於齊魯知其不可仕而遂行者義也。知其不可仕也。而猶往來屑屑以救斯世。接輿沮溺荷蓧丈人未免有疑焉者亦義也。列逸民之目而斷之以無可無不可。所以見夫子出處之義也。至於樂工相率而去之。則又以明夫決不可以有爲也。稱周公之言。以見古之親親而尊賢。敬故而器使。一出於仁厚之意。則安有望望而去之者哉。此周之人才所以盛。而舉一姓八士以終之。所以傷今思古而嘆夫子之道窮也

論語集註大全卷之十八

論語集註大全卷之十九

子張第十九

此篇皆記弟子之言而子夏爲多子貢次之。勉齋黃氏曰此篇所記不過五人曰子張子夏子游曾子子貢皆孔門之高第蓋論語一書記孔門師弟子之答問於其篇帙將終而特次門人高第之所言自爲一篇亦以其學識有足以明孔子之道也○新安陳氏曰所記五人子張二章子夏十一章子游二章曾子四章子貢六章蓋孔門自顏子以下穎悟莫若子貢自曾子以下篤實無若子夏故特記之詳焉。慶源輔氏曰穎悟篤實皆以資質言二子資質次於顏曾顏曾學力有非二子所能及者顏之穎悟知之固徹行之又至曾之篤實行之固至知之又徹子貢則穎悟於知而不足於行子夏則篤實於行而不足於知焉○胡氏曰以顏子之明睿則穎悟不足

言。以曾子之純誠。則篤實不足言。故但以稱子貢子夏也。凡二十五章

子張曰。士見危致命。見得思義。祭思敬。喪思哀。其可已矣。

致命。謂委致其命。猶言授命也。四者立身之大節。一有不至。則餘無足觀。故言士能如此。則庶乎其可矣。朱子曰。致命猶送這命與他。不復爲我之有。○或問其可已矣與前篇可也之說。曰。可則同。然曰可也。則其語抑。曰其可已矣。則其語揚。○勉齋黃氏曰。大節固所當盡。然斷之以其可已矣。則似失之太快。而不類聖人之言。集註以爲庶乎其可。則固恶其言之太快矣。○潛室陳氏曰。士者一男子之事。古人說士處多如此。不要將君子小人一雜看。只此等事豈易。非奇男子不能。子張語病在末梢一句。○西山眞氏曰。義敬哀皆言思。致命獨不言思者。死生之際。惟義是徇。有不待思而決也。○新安陳氏曰。見危致命者。處變而決之於一旦也。思義敬哀者。處常而思之於平時也。平時能思此三者而行之。則其人好義謹厚。已養之有素矣。一旦臨大變故。庶能於當死而

必死焉。否則臨財利而苟得，臨喪祭而苟且，何望其臨變故而能死哉？

○子張曰：「執德不弘，信道不篤，焉能爲有？焉能爲亡？」焉，於虔反。亡讀作無，下同。

有所得而守之太狹，則德孤；有所聞而信之不篤，則道廢。慶源輔氏曰：德孤，言不能兼有衆德而孑然固守一節者也。德得諸己而居之不弘，則輕喜易足，有一善則自以爲天下莫己若矣。道有所聞而信之不篤，則亦或作或輟，鋭始怠終，終亦必亡而已矣。焉能爲有亡，猶言不足爲輕重。朱子曰：弘是廣大之意。若信道不篤，則容受太廣，後隨人走作，反不能守正理。信道篤而不弘，則是確信其一說而或至於不通。故須著並說。弘篤，猶言弘毅相似。○有此人亦不當得是有，無此人亦不當得是無，言皆不足爲輕重。○弘之爲寬廣，以人之量言也。人所以體道者存乎德，所以執德者存乎量。量有大小之不同，故人所以執德有弘有不弘也。非其量之大，則所以執德者孰能寬廣而不迫哉。信道之貴乎堅確者。此以人之志言也。人所以進德者由乎道。而所以信道者存乎志。志有強弱之不同。故人所以信道者有篤有不篤也。非其志之強。則所以信道者孰能堅確而不移哉。觀此二言。爲學之道。信非褊心狹量質薄氣弱者所能及也。○問執德不弘。言其不廣也。纔狹隘則容受不得。故纔有片善必自矜。見人之善必不喜。人告之以過亦不受。從狹隘上生萬般病痛。○問如何是執德不弘底樣子。曰。子貢若只執貧而無諂富而無驕之德。而不聞夫子樂與好禮之說。子路若只執不恥縕袍之德。而不聞夫子何足以臧之說。則其志皆未免止於此。蓋義理無窮。心體無限。○雙峯饒氏曰。執德弘者器局大。信道篤者志操堅。如此方是世間一箇卓然底人。若執德既不能弘。信道又不能篤。這般人雖有之亦不足以爲當世重。無之亦不足以爲當世輕。如此說方透。○厚齋馮氏曰。觀此二章。皆躬行切己之論。則知子張之學異於前日矣

○子夏之門人問交於子張。子張曰。子夏云何。對曰。子夏曰。可者與之。其不可者拒之。子張曰。異乎吾所聞。君子尊

賢而容衆。嘉善而矜不能。我之大賢與。於人何所不容。我之不賢與。人將拒我。如之何其拒人也。賢與之與平聲

子夏之言迫狹。子張譏之是也。但其所言亦有過高之弊。蓋大賢雖無所不容。然大故亦所當絕。不賢固不可以拒人。然損友亦所當遠。學者不可不察。和靖尹氏曰。子張所言。泛交之道也。子夏所言。擇交之道也。泛交而不能擇。取禍之道也。○朱子曰。泛交而不擇。取禍之道。子張之言泛交。亦未嘗不擇。蓋初無拒人之心。但其間自有親疎厚薄爾。和靖非以子張爲不擇也。○初學大畧當如子夏之言。然於其不可者。但亦踈之而已。拒之則害交際之道。成德大畧當如子張之說。然於有大故者。亦不得而不絕也。以此處之。其庶幾乎。○慶源輔氏曰。可者與之言美矣。若曰不可者拒之。則傷亟過中而害義理之正矣。迫則不寬。狹則不廣。必如集註大故亦所當絕。損友亦所當遠之說。然後得義之中。無掠虛務高之意。而有

切於學者爲己之資。齊氏曰。拒則太迫。何所不容。則幾於無別。雲峯胡氏曰。子張容字矜字是破子夏一拒字。然論交之道。不必拒而拒之。其交也不廣。當拒而不拒。其交也不正。必如集註之言。則盡乎交之道矣。勉齋黄氏曰。以上三章子張之言。皆有過高之病。一章以致命思義祭敬喪哀爲高。故有其可已矣之言。則其於察理必有所不周。二章以執德弘信道篤爲高。故有焉能爲有亡之言。則其於待人必有所太薄。三章以能容人爲高。故有不拒人之言。則其於善惡必有所不察。夫子嘗稱其過。曾子嘗稱其難能。又稱其堂堂。則是其資稟趨向。未免有過高之病也。

○子夏曰。雖小道必有可觀者焉。致遠恐泥。是以君子不爲也。泥去聲

小道。如農圃醫卜之屬。泥。不通也。○楊氏曰。百家衆技。猶耳目鼻口。皆有所明。而不能相通。莊子天下篇曰。天下大亂。賢聖不明。

道法不一。天下多得一察焉以自好。譬如耳目鼻口皆有所明。不能相通。猶百家衆技也。皆有所長。時有所用。雖然。不該不徧。一曲之士也。

非無可觀也。致遠則泥矣。故君子不爲也。

朱子曰。小者對大之名。正心脩身以治人。道之大者也。專一家之業而治於人。道之小者也。然皆用於世而不可無者。其始固皆聖人之作。而各有一事一物之理焉。是以必有可觀。然能於此或不能於彼。而不可以通於君子之大道也。勉齋黃氏曰。農圃醫卜。施之日前淺近。不爲無益。然求如聖人之道無所不通則不可也。小道安知非指楊墨佛老之類邪。曰。小道合聖人之道而小者也。異端違聖人之道而異者也。小者猶可以施之近。異端不可以頃刻施也。彼之無父無君又何待致遠而後不通哉。新安陳氏曰。大道愈遠而愈通。小道致遠而不通。是以君子於大道盡心焉。而於小道不屑用其心也。

○子夏曰。日知其所亡。月無忘其所能。可謂好學也已矣。

亡讀作無　好去聲

亡。無也。謂己之所未有○尹氏曰。好學者日新而不失

程子曰。日知其所亡。月無忘其所能。此可以爲人師法矣。非謂此可以爲人師道。○朱子曰。日知其所亡。便是一日之閒知所未知。月無忘其所能。便是長遠在這裏○知其所亡。無忘所能。檢校之意。○問月無忘其所能。還是溫故否。曰。此章與溫故知新意却不同。溫故知新。是溫故之中而得新底道理。此却是因知新而帶得溫故。漸漸溫習。如得一善則拳拳服膺而弗失之矣。子路有聞未之能行。惟恐有聞。若是如此。則子路只做得一件事。○樂菴李氏曰。日知其所亡者。凡欲學而未至者也。月無忘其所能者。已學而得之者也。君子教人。於其所未學。則切切然日以爲念。於其所已學。則一月之間須常自省也。如此。則學安得不進。○南軒張氏曰。致其知而不舍。故其知日新。保其有而不違。故其有常存。此之謂好學。○勉齋黃氏曰。求之敏。則能日新。守之篤。則能不失。進學之道。無以復加於此矣。○汪氏曰。此章當與時習章參看。此以每日每月言。時習以時時言。朱子有云。而今學者。今日知得過幾日又忘了。便是不長在此做工夫。如何會到一月後記得。由此論之。學者誠不在

可不時習也。能從事於子夏之言。而加以時習之功。其庶幾乎。○雲峯胡氏曰。日者月之積。月無忘其所能。惟恐失其日新之所積者也。○新安陳氏曰。爲學當日有所進。而知其所未得。又能月有所守。而不忘其所已得。知其所無。則識愈長而日新。保其所有。則得愈堅而不失。既日新而且不失。非好學能如是乎

○子夏曰。博學而篤志。切問而近思。仁在其中矣

四者皆學問思辨之事耳。未及乎力行而爲仁也。然從事於此。則心不外馳而所存自熟。故曰仁在其中矣

朱子曰。此全未是說仁處。方是尋討箇求仁門路。當從此去漸見効。在其中。謂有此理耳。又曰。此四事只是爲學工夫。未是爲仁。必如夫子所以語顔冉者。乃正言爲仁耳。然人能博學而篤志。切問而近思。則心不放逸。天理可存。故曰仁在其中。○問博學與近思。亦不相妨否。曰。博學是都要理會過。近思是注心著力處。博學是箇大規模。近思是漸進工夫。如明明德於天下。是大規模。其中格物。致知。誠意。正心。脩身。齊家等。便是次序。問篤志未

說到行處否。曰。篤志只是至誠懇切以求之。不是理會不得又掉了。若只管汎汎底外面去博學。更無懇切之志。便成放不知求底心。便成頑麻不仁。惟篤志。又切問近思。便有歸宿處。這心便不汎濫走作。仁便在其中。○問仁在其中矣。如何謂之仁。曰。非是便爲仁。大抵如聖人說在其中矣之辭。祿在其中。直在其中意。曰言行寡尤悔。非所以干祿。而祿在其中。父子相爲隱。非所以爲直。而直在其中。博學而篤志。切問而近思。非所以爲仁。然學者用力於此。仁在其中矣。○勉齋黃氏曰。集註初本。謂心不外馳而事皆有益。蓋以博篤切近爲心不外馳。學志問思。爲事皆有益。夫以學志問思爲有益於事。乃是有所求而得之。不可以爲求此而得彼也。後乃以所存自熟易之。則專主於心之所存而言。人惟無所用其心。則其心放逸而不收。學之博則此心常有所繫著而不放逸矣。人惟所志苟簡而不堅也。則其心泛濫而不一。志之篤。則此心常有定向而不泛濫矣。問不切。思不近。則其所用心皆在吾身之外矣。切問近思。則皆求其在己者。而無復外馳之患矣。人能盡此四者。則雖學問思辨之事。而自有得。夫操存涵養之效。所以謂仁在其中矣。○潛室陳氏曰。心存則仁便存。心便喚做仁。固不可但離了心外更何處求仁。胡氏曰。力行固所以爲仁。然學問思辨皆所以求爲仁之方。心存乎學問思辨則雖未見於行。而已不外馳矣。心不外馳。則所存自熟。是乃力行之本。故曰仁在其中矣。○西山眞氏曰。切問。謂以切己之事問於人也。近思。謂不馳心高遠。就其切近者而思之也。外焉問於人。內焉思於心。皆先其切近者。則一語有一語之益。一事有一事之功。不比汎然馳騖於外。而初無補於身心也。○雲峯胡氏曰。中庸以學問思辨爲智之事。此章所謂學問思未及乎爲仁也。而曰仁在其中者。仁。人之心也。心存於內則爲仁。馳於外則非仁矣。惟學之博而志之篤。問之切而思之近。則心不馳於外矣。不馳於外。則存於中者自熟矣。夫仁亦在乎熟之而已矣。熟之者。力行而爲仁也。自熟云者。未及乎力行而仁自在其中也。

○程子曰。博學而篤志。切問而近思。何以言仁在其中矣。學者要思得之。了此便是徹上徹下之道。問程子謂徹上徹下底道理。朱子曰。於是四者也見得箇仁底道理。便是徹上徹下之道也。○徹上徹下。是這箇道理。深說淺說都效此。○雲峯胡氏曰。徹上徹下。集註兩述程子之言。樊遲問仁章曰徹上徹下初無二語。此則曰了此便是徹上徹下之道。彼所言者仁也。言仁是徹下。言粹面盎背篤恭而天下平是徹上。此章未及力行爲仁之事。學問思是徹下。仁在其中是徹上。新安陳氏曰。程子欲人思而得之乃引而不發。朱子謂從事於此。則心不外馳而所存自熟。盡發以示人矣又曰。學不博。則不能守約。志不篤。則不能力行。切問近思在己者。則仁在其中矣。慶源輔氏曰。必先盡乎博。然後有以得其約而守之。不然則寡聞謏見。將何以識其約。必先立其志則自然住不得。須著去力行。不然則若有若亡。何能見於行。所謂切與近。只是在己之事又曰。近思者。以類而推。朱子曰。以類而推只是傍易曉底挨推將去。如親親便推類去仁民。仁民便推類去愛物。如這一件事理會得透了。又因這件事推去理會那一件事。只管恁地挨將去。只管見易。不見其難。前面遠處只管近。如第一級便要跳到第三級。舉步闊了便費力。只見難。只見遠。○或問此章以爲心不外馳而事皆有益者何也。曰。程伯子之言。心不外馳之謂也。叔子之言。事皆有益之謂也。心不外馳，則仁之體無不存，事皆有益，則仁之用無不得矣。曰：如子之言，凡言在其中者，皆爲求此而得彼之辭，則此四者，亦不爲求仁之事耶。曰：四者之效，雖卒歸於得仁，而其言則講學之事，初非有求仁之意也。聖賢之言求仁，必本於實踐，而非空言之所可與。然於講學之間，能如子夏之云，則於吾之心有所制而不放，於事之理有所當而不差矣。志於講學而可以爲仁，亦何害其爲求此而得彼哉。曰：然則視聽言動之必以禮，居處執事之必以恭且敬，與人之必以忠，亦其理之所當爲，而非有求仁之意也，則亦可以爲求此而得彼乎。曰：吾固嘗言之矣，彼以踐履之實事告，此以講習爲言，而非本有求仁之心也。蓋亦不得而同矣。蘇氏曰：博學而志不篤，則大而無成；泛問遠思，則勞而無功。雙峯饒氏曰：志字要粘上面學字說，切問亦須從近處思量起，則可見端的，方不流於虛遠。以序求之，則博學在先，自是一類；篤志、切問、近思在後，自是一類。學博矣，而志不篤，問不切，思不近，則泛濫而不著己，如何可至於仁。○新安陳氏曰：博學，先提其綱；篤志、切問、近思，是分其目。蓋就所博學者，而志之篤，問之切，思之近

也。學不博。固失之狹隘。志不篤。問不切。思不近。則又失之泛濫。亦徒博耳

○子夏曰。百工居肆以成其事。君子學以致其道

肆謂官府造作之處。致極也。工不居肆。則遷於異物而業不精。君子不學。則奪於外誘而志不篤。新安陳氏曰。此重在居肆與學尹氏曰。學所以致其道也。百工居肆。必務成其事。君子之於學。可不知所務哉。新安陳氏曰。此重在成事與致道愚按二說相須其義始備朱子曰。百工居肆。方能做得事成。君子學。方可以致其道。然居肆亦有不能成其事。如閑坐打鬨過日底。學亦有不能致其道。如學小道與中道而廢之類。故後說云居肆必須務成其事。學必須務致其道。故必二說相須。而義始備。○慶源輔氏曰。由朱子之說。則見君子之欲致道。不可不由於學。由尹氏之說。則君子之學必當務致乎道。夫欲致道而不由學。則心志爲外物所遷誘而不能專一。固不足以致

其道。然學而不足以致道。則其所學者又不過口耳之習耳。欲致其道。則必由學。既曰由學。則必務致道。然後爲君子之事也。○胡氏曰。前說則重在居肆與爲學。後說則重在成事與致道。一主於用功。一主於志。然知所以用功而志不立。不可也。知所以立志而功不精。亦不可也。故二說相須而備。非如他章存兩說之比也。○雲峯胡氏曰。工必居肆則耳目之所接者在此。心思之所爲者在此。而其事即成於此。君子之居於學也亦然。集註二說相須。然前說尤重。蓋居肆而不務成其事者有之矣。未有不居肆而能成其事者也。學而不知所務者有之矣。未有不學而能致其道者也。○新安陳氏曰。前說是子夏本意。觀二以字可見。後說是發子夏餘意而於警戒學者尤切

○子夏曰。小人之過也必文。文去聲

文。飾之也。小人憚於改過而不憚於自欺。故必文以重其過。○南軒張氏曰。有過則改之而已。小人恥過而憚改。故必文。文。謂飾非以自欺。○勉齋黃氏曰。有過。過

也。憚改而文以爲欺。又增益其過也。故曰重其過。胡氏曰。憚於改過而不憚於自欺者。以改悔爲難。而自昧其本然之善心。反不以爲難。重其過者。始焉不能審思而遂與理悖。過矣。而又飾之以爲欺。是再過也。○雲峯胡氏曰。此章當與後章子貢所謂君子之過也參看。蓋君子有過。幸人知之。非惟不敢自欺。亦不欺人。故其過也卒改而爲善。小人之過。惟恐人知之。不惟欺人。徒以自欺。其過也卒流而爲惡。

○子夏曰。君子有三變。望之儼然。即之也溫。聽其言也厲。

儼然者。貌之莊。溫者。色之和。厲者。辭之確。○程子曰。他人儼然則不溫。溫則不厲。惟孔子全之。謝氏曰。此非有意於變。蓋並行而不相悖也。如良玉溫潤而栗然。記聘義昔者君子比德於玉焉。溫潤而澤。仁也。縝密以栗。知也。○南軒張氏曰。望之儼然。敬而重也。即之也溫。和而厚也。聽其言也厲。約而法也。夫其望之儼然。若不可得而親也。及其即之則溫焉。即之也溫。若可得而親也。而聽其言則厲焉。其爲三變。豈君子之强爲之哉。禮樂無斯須而去身。故其成就發見如此。○勉齋黄氏曰。儼者手恭而足重。温者心平而氣和。厲者義精而辭確。○雙峯饒氏曰。聖人本無三變。但自他人觀之。則遠望是一般。近就之是一般。聽其言又是一般。似乎有三變耳。問厲只當訓嚴而云確。何也。曰厲也有嚴意。但曰嚴恐人認做猛烈。確者是是非非確乎不易之義。形容言厲最切。○新安陳氏曰。儼然而温。剛中有柔也。温而厲。柔中有剛也。剛柔不偏。陰陽合德。惟夫子有之。人見其然。以爲三變。聖人自然而然。豈有意於變也

○子夏曰。君子信而後勞其民。未信則以爲厲己也。信而後諫。未信則以爲謗己也

信。謂誠意惻怛而人信之也。厲。猶病也。事上使下。皆必誠意交孚而後可以有爲。南軒張氏曰。信在使民諫君之先。若使民而民以爲厲己。諫君而君以爲謗己。是在我孚信未篤而已。○慶源輔氏曰。信謂上下交孚。己雖有信。而人或未之信。猶未可

謂之信也。若上下未交孚。則君之勞民。所以安其生也。而反以爲厲己也。臣之諫君。所以成其德也。而反以爲謗己也。如湯武之使民。則可謂信而後勞之矣。如伊傅之告君。則可謂信而後諫之矣。○雙峯饒氏曰。誠意惻怛。是說人所以信之之由。惻怛屬愛。大抵君之於民。臣之於君。皆當以愛爲主。君愛其民。惟恐其有勞。民平日已信之。一旦不得已而勞之。亦何所怨。臣愛其君。惟恐其有過。君平日已信之。一旦不得已而諫之。亦何所嫌。我以誠意惻怛感。彼必以誠意乎。又安有以爲厲謗者乎

○子夏曰。大德不踰閑。小德出入可也。

大德小德。猶言大節小節。閑。闌也。所以止物之出入。言人能先立乎其大者。則小節雖或未盡合理。亦無害也

朱子曰。子夏之言。謂大節既是了。小小處雖未盡善亦不妨。然小處放過。只是力做不徹。不當道是可也。○問伊川謂小德如援溺之事。如何。曰。援溺事却是大處。嫂溺不援。是豺狼。這處是當做。更有甚麽出入。如湯武征

伐。三分天下有其二。都將做可以出入。恁地都是大處非聖人不能爲。豈得謂之小德。乃是道之權也。○勉齋黄氏曰。子夏此語。信有病矣。然大德小德皆不踰閑者上也。大德盡善而小德未純者。乃其次也。若夫拘拘於小廉曲謹。而臨大節則顚倒錯亂者。無足觀也矣。子夏之言。豈有激而云乎。此又學者不可不察。○胡氏曰。書以細行對大德而言。細行即小德。大節小節。蓋以其所關有大小也。父子君臣等之大倫。大德所在也。一動靜一語默。與凡應對進退之文。小德所在也。觀人之道。取大端而畧小失猶可也。若立心自處。但曰謹其大者。而小節不必致意。則將併其大者失之矣。○慶源輔氏曰。道理無空缺處。亦無將斷時。一有空缺間斷。便是欠少了。是以君子之學。戰戰兢兢。無時無處不然。豈有大小久近之間耶。子夏篤實。次於曾子。而有小德出入可也之論。此其所以不及曾子歟。○雙峯饒氏曰。此章用之觀人則可。用之律己則不可。但觀人不可責備。且只看他大節。大節既立。而小小節目或有出入。亦未可瑣屑議之。若律己之道。又與觀人不同。雖一毫亦不可放過。微有背理。便成欠缺。如何聽他出入得。

○吴氏曰。此章之言不能無弊。學

者詳之朱子曰。大節既定。小節有差。亦所不免。然吳氏謂此章不能無弊。學者正不可以此自恕。一以小差爲無害。則於大節必將有枉尋而直尺者矣。○新安陳氏曰。書曰。不矜細行。終累大德。畢公懋德。克勤小物。越小大德。小子惟一。以此律之。此章之言。信不能無弊也。

○子游曰。子夏之門人小子。當洒掃應對進退。則可矣。抑末也。本之則無。如之何。洒色賣反。掃素報反。

子游譏子夏弟子於威儀容節之間則可矣。然此小學之末耳。推其本。如大學正心誠意之事。則無有。雲峯胡氏曰。集註推子游之言本末者如此。然小學大學時節可分先後。不可分本末也。

子夏聞之曰。噫。言游過矣。君子之道。孰先傳焉。孰後倦焉。譬諸草木。區以別矣。君子之道。焉可誣也。有始有卒者。其惟聖人乎。別，彼列反。焉，於虔反。

倦如誨人不倦之倦。區，猶類也。厚齋馮氏曰：區，立域也。別，分也。古者以園圃毓草木。蓋植藝之事，各分區域，藝一區畢，復藝一區，不相凌躐。言君子之道，非以其末爲先而傳之，非以其本爲後而倦敎。但學者所至，自有淺深。此二句補足上下文意。如草木之有大小，其類固有別矣。若不量其淺深，不問其生熟，而槩以高且遠者強上聲而語音御之。此三句又補足上下文意。則是誣之而已。君子之道，豈可如此。若夫音扶始終本末一以貫之，則惟聖人爲然，豈可責之門人小子乎。朱子曰：非以洒掃應對爲先而傳之，非以性命天道爲後而倦焉。但道理自有先後之殊，不可誣人以其所未至。惟聖人然後有始有卒，一以貫之，無次第之可言耳。須知理則一致，而其敎不可缺。其序不可紊。惟其理之一致。是以其教不可缺。其序不可紊也。○子夏對子游之語。以爲譬之草木區以別矣。何嘗如此儱侗來。惟密察於區別之中。見其本無二致者。然後上達之事亦在其中矣。雖至於堯舜孔子之聖。其自處常只在下學處也。上達處不可著工夫。更無依泊處。日用動靜語默。無非下學。聖人幾曾離此來。今動不動便先說箇本末精粗無二致。此說大誤。○問有始有卒。曰。此不是說聖人教人事。乃是聖人分上事。惟聖人道頭便知尾。下學便上達。不是自始做到終。乃是合下便始終皆備。若教學者。則須循其序也。○程子曰。君子教人有序。先傳以小者近者。而後教以大者遠者。非先傳以近小而後不教以遠大也。朱子曰。理無大小而無不在。是以教人者。不可以不由其序而有所遺。子游不知理之無大小。則以洒掃應對爲末而無本。不知教人之有序。故於門人小子而欲直教之精義入神之事。○若不觀明道說君子教人有序四五句。也無緣看得出。○雲峯胡氏曰。此第一條說教人有序。是發子夏之意。又後第二至第五條說理無二致。是矯子游之偏也。

曰：灑掃應對便是形而上聲上者，理無大小故也。故君子只在謹獨。

朱子曰：不能謹獨，只管理會大處，小小底事便照管不到。理無大小，小處大處都是理。小處不到，理便不周匝。○灑掃應對所以習夫形而下之事也。精義入神所以究夫形而上之理也。此其事之大小固不同矣。然以理言，則未嘗有大小之間，而無不在也。程子之言意蓋如此。但方舉灑掃應對之一端，未及乎精義入神之云者，而通以理無大小結之。惟理無大小，故君子之學不可不由其序，以盡夫小者近者，而後可以進夫大者遠者耳。故曰其要只在謹獨。此甚言小者之不可忽也。其曰便是云者，亦曰不離乎是爾，非即以此爲形而上者也。○理無大小，無乎不在，本末精粗，皆要從頭做去，不可揀擇。此所謂教人有序也。非是謂灑掃應對便是精義入神，更不用做其他事也。○灑掃應對是事，所以灑掃應對是理。事即理，理即事，道散在萬事，那箇不是？若事上有毫髮蹉過，則理上便有間斷欠缺。故君子直是不放過，只在謹獨。但不知無事時當如何耳。○謹獨須貫動靜做工夫始得。○勉齋黄氏曰：形而上，謂超乎事物之表，專指事物之理言也。灑掃應對，

事雖至粗。其所以然者便是至精之理。其曰理無大小
者。非以洒掃應對爲小。形而上者爲大也。蓋不但至大
之事方有形而上之理。雖至小
之事亦有之。故曰理無大小也。又曰。聖人之道更無精
粗。從洒掃應對與精義入神貫通只一理。雖洒掃應對。
只看所以然如何。朱子曰。此言洒掃應對與精義入神
是一樣道理。洒掃應對必有所以然。
精義入神亦有所以然。其曰貫通只一理。言二者之理
只一般。非謂洒掃應對便是精義入神。固是精義入神
有形而上之理。而洒掃應對亦有形而上之理。○洒掃
應對。精義入神。事有大小。而理無精粗。事有大小。故其
教有等而不躐。理無精粗。故惟其所在而皆不可不用
其極也。○須是就事上理會道理。非事何以識理。洒掃
應對。末也。精義入神。本也。不可說這箇是末不足理會
只理會那本。這便不得。又不可說這末便是本。但學其
末則本便在此也。○勉齋黃氏曰。精究義理。極其微妙
以至於入神。神者。理之妙而不可測者也。所精之義至
於入神。義理之至精者。程子引易中此語與洒掃　又曰。
應對對言。洒掃應對所以然者。即至精之義也。

凡物有本末不可分本末爲兩段事洒掃應對是其然必有所以然朱子曰治心脩身是本洒掃應對是末皆其然之事至於所以然則理也理無精粗本末皆是一貫○或問其然所以然之說曰洒掃應對之事其然也形而下者也洒掃應對之理所以然也形而上者也自形而下者而言則洒掃應對之與精義入神本末精粗不可同日而語矣自夫形而上者言之則未嘗以其事之不同而有餘於此不足於彼也曰其曰物有本末而本末不可分者何也曰有本末者其然之事也不可分者以其所以然之理也○勉齋黃氏曰然猶云如此也其如此者洒掃應對之節文所以如此者謂有此理而後其節文之著見者如此也○雲峯胡氏曰按朱子謂有本末者事也不可分者其所以然之理也饒氏却謂已然者爲末所以然者爲本蓋朱子解程子之言以本末爲事而不可分爲兩段事者是理饒氏解程子之言以末爲事而本爲理不可不辨也又曰自洒掃應對上便可到聖人事問聖人事是甚麼樣子朱子曰如云下學而上達當其下學便上達天理是也○勉齋黃氏曰洒掃

應對雖至小。亦由天理之全體而著見於事物之節文。聖人之所以爲聖人者。初不外乎此理。特其事事物物皆由此理。而不勉不思從容自中耳。○雲峯胡氏曰。愚程子此四條。皆所以破子游抑末也本之則無七字

按程子第一條說此章文意最爲詳盡。其後四條皆以明精粗本末。其分扶問反雖殊。而理則一。學者當循序而漸進。不可厭末而求本。蓋與第一條之意實相表裏。非謂末即是本。但學其末而本便在此也。朱子曰。孔門除曾子外。只有子夏守得規矩定。故教門人皆先洒掃應對進退。所以孟子說孟施舍似曾子。北宮黝似子夏。○事有大小。理却無大小。不問大事小事合當理會處。便用與他理會。不可說箇是粗底事不理會。只理會那精底。又不可說洒掃應對便是精義入神。洒掃應對只是粗底。精義入神自是精底。然道理却一般。須是從粗底小底理會起。方漸而至於精者大者。或曰。洒掃應對非道之全體。只是道中之一節。曰。合起來便是道之全體。非大底是全體。

小底不是全體也○勉齋黃氏曰所引程子四段首言理無大小以見事有大小而理則一也次言道無精粗以見學有精粗而道則一也又次言是其然必有所以然所以發明上二段所以一無大小無精粗之意又次言便可到聖人事則亦以其所以然而無大小精粗者爲之也亦足以見其編次之意至精而不苟矣○慶源輔氏曰窮理之至知言之極則學者所得之淺深不啻白黑之易見故如草木之有大有小其類各不同而無不昭然在吾之目中然後循其次第等級而教之若夫先傳後倦則君子無是心也但時其可而已至於言之未知之未至不察學者淺深生熟之異而一槩以子游之所謂本者强而聒之則學者漫而聽之實不知其味勉而行之終不得其方則是誣之而已君子教人之道豈有而誣之之理○雙峯饒氏曰子游以正心誠意爲本洒掃應對爲末子夏謂小子且當教以洒掃應對及入大學却教以誠意正心就二說觀之子游欲人於根本上做來則末底自然中節施教無序把大小學衮作一事非也子夏之說自合聖人之教但只言事而不及理則小學大學分爲兩截而無以貫通之至程子方以理爲本事爲末謂事有小大精粗而理無小大精粗小子末

能窮理謹獨。且把灑掃應對以維持其心。雖學至粗至小之事。而至精至大之理寓焉。年寖長。識既開。却教之窮理以致其知。謹獨以誠其意。前日之習灑掃應對者。即爲精義入神之地。今日之精義入神。實不離乎灑掃應對之中也。程朱所論本末不同。朱子以大學之正心誠意爲本。程子以理之所以然爲本。朱子是以子游之意而推之。○雲峯胡氏曰。學者之病有二。謂末不當理會。只當理會本者。不知理之一也。謂末即是本。但學其末而本便在此者。不知分之殊也。朱子政慮學者差認程子之意。故有是說。趙氏除去非謂二字。却謂學其末而本便在此者。理貫於萬事。不以事之近小而理有不該。則誤矣。○饒氏謂小學未能窮理愼獨。且把灑掃應對以維持其心。年寖長。却愼獨以誠其意。蓋以大學誠意章方有愼獨工夫。然程子第二條云。君子只在謹獨。蓋程朱二子之意。政謂小學是至微之事。愼獨正要愼其微。若從念慮之微說。小學灑掃在長者之前能謹。長者不在前不能謹。便是不能愼獨。饒氏此語。切恐有悞後學。不可不辨。○新安陳氏曰。程子此處說謹獨。與大學中庸之謹獨小異。此只是謹小事。無人所不知。己所獨知之意。饒氏所云謹獨以誠其意。與程子此語不相

妨。非以解程語也

○子夏曰。仕而優則學。學而優則仕

優。有餘力也。新安陳氏曰。行有餘力。餘力。猶言暇日是也仕與學理同而事異。故當其事者。必先有以盡其事而後可及其餘。慶源輔氏曰。仕所以行其學。而學所以基其仕。故曰理同。然仕則以陳力就列致君澤民爲事。學則以誦詩讀書格物致知爲事。故曰事異。○胡氏曰。仕與學理同者。皆所當然也。事異者。有治己治人之別也。學以爲仕之本。仕以見學之用。特治己治人之異耳。以理言。則學其本也。以事言。則當其事者。隨所主而爲之。緩急必先盡心於所主之事。有暇日則及其餘。非有所輕重於其間也。○新安陳氏曰。仕者先盡仕之事。有餘力則益及於學。學者先盡學之事。有餘力則始及於仕然仕而學。則所以資其仕者益深。學而仕。則所以驗其學者益廣問仕優而不學。則無以進德。學優而不仕。則無以及物。仕優而不學固無足議者學優而不仕亦非聖人之中道也故二者皆非也仕優不學如原伯魯之不說學是也學優不仕如荷蓧丈人之流是也子夏之言似爲時而發其言雖反覆相因而各有所指或以爲仕而有餘則又學學而有餘則又仕如此則其序當云學而優則仕而優則學今反之則知非相因之辭也朱子曰舊亦嘗疑兩句次序顛倒今云各有所指甚佳○南軒張氏曰大學之道在明明德在新民成己成物之無二致也古之人學以終其身故仕優則學學優則仕其從容暇裕如此終始于學而無窮已也○潛室陳氏曰學是講此道理仕是行此道理學有餘暇則可入仕有餘暇又當講學主學而言則仕爲餘用主仕而言則學有餘功互相發也○慶源輔氏曰仕而優則學爲已仕者言也謂仕有餘力則不可以不學不學則無知新之益以資其仕學而優則仕爲未仕者言也謂學有餘力則不可以不仕不仕則無行道之功以驗其學是終始事○雲峯胡氏曰聖賢之言固自有因上句而生下句者如夫子本言晉文公譎而不正因而及齊桓公正而不譎若獨言下句則齊桓豈正而不譎者哉此亦因當時有仕優而不學者故以下句意足之獨言下句則學之優

固自有可仕不可仕者矣。新安陳氏曰。學以明其理者體也。仕以行其事者用也。體者用之本。用者體之驗。仕有餘力而不學。則將徇己蠹人。是有無體之用。學有餘力而不仕。則將愛身忘世。是有無用之體矣。子夏爲見當世多有仕而不學者。觀孔子以今之從政者爲斗筲之徒。則可想見。故首以仕優而學警世人。夫已仕者尚不可以不學。則未仕者必學優而後始可以仕。蓋可知矣。下句人所易知。上句人所易忽。故以人所易忽者先言之

○子游曰。喪致乎哀而止

致極其哀。不尚文飾也。楊氏曰。喪與其易也寧戚。不若禮不足而哀有餘之意。愚按而止二字亦微有過於高遠而簡略細微之弊。學者詳之。南軒張氏曰。喪主乎哀。致者自盡之謂。若毀生滅性。則是過乎哀者也。勉齋黃氏曰。觀游夏論學章胡氏所謂子游脫畧小物者。則宜其言之出乎此。終亦

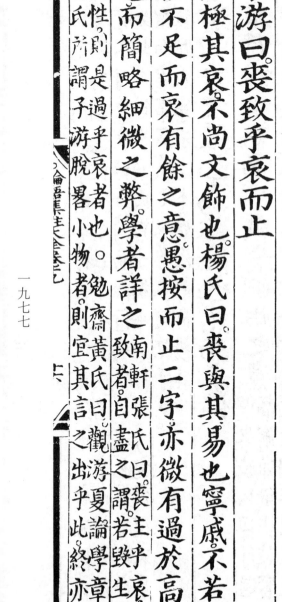

足以見孔門高第重本務實之意可法也。慶源輔氏曰。子游有簡忽禮文之意要之喪固貴於哀而禮之節文亦不可廢。故曰直情而徑行戎狄之道也。立言之難蓋如此。○雙峯饒氏曰。子游平日却自考究喪禮。不是廢禮而專事哀戚之人。考之禮記可見。其意怕人事末忘本。姑爲之抑揚耳

○子游曰。吾友張也爲難能也。然而未仁

子張行去聲過高而少誠實惻怛之意雙峯饒氏曰。行過高。解難能。少誠實惻怛。解未仁。無誠實則不能全心之德。無惻怛則不能全愛之理。○趙氏曰。不誠實則無真切之意。不惻怛則無隱痛之情。子張務外好高。故於此四字皆有所不足○新安陳氏曰。行仁惟務內平實者能之。子張務外好高。此其所以未仁也

○曾子曰。堂堂乎張也。難與並爲仁矣

堂堂。容貌之盛。言其務外自高。不可輔而爲仁。亦不能

有以輔人之仁也新安陳氏曰堂堂以貌言難能以才言皆自高之意並猶共也○范氏曰子張外有餘而內不足故門人皆不與其爲仁子曰剛毅木訥近仁寧外不足而內有餘庶可以爲仁矣

程子曰子張既除喪而見予之琴和之而和彈之而成聲作曰先王制禮不敢不至焉推此言之子張過於薄故難與並爲仁矣○南軒張氏曰仁必深潛縝密親切篤至而後可以進故如愚之顏聖人許其不違仁而堂堂之張曾子以爲難與並爲仁也○勉齋黃氏曰以上兩章皆言子張之難爲仁既足以見子張好高之病又有以見仁之爲德根於人心惟求之至近而修其在內者爲足以至之今也尚難能之行飾堂堂之容則其去仁遠矣孔門以求仁爲先而所言如此可謂知爲仁之方也已○慶源輔氏曰務外好高則於己無體認密察之功人不可輔之爲仁於人無切偲觀感之助己亦不能輔人之仁也

○曾子曰吾聞諸夫子人未有自致者也必也親喪乎

致盡其極也。蓋人之眞情所不能自已者新安陳氏曰。眞情乃愛親之人心。天理所發見者○尹氏曰。親喪固所自盡也。語孟子於此不用其誠。惡乎用其誠禮記檀弓曰。自吾母而不得吾情。吾惡乎用吾情。惡音烏。○南軒張氏曰。人於他事未能自盡。於親喪其可不自盡乎。若於此不能自盡。則何事能盡。若於此能自盡。則於其他亦推是心而已。○胡氏曰。上智之資。於理所當然者。固不待勉强而皆極其至。中人以下。則罕能之。惟父母之喪。哀痛慘怛。蓋其眞情之不能自已者。聖人指以示人。使之自識其良心。非專爲喪禮發也。○雙峯饒氏曰。乎字有感動人底意思。事親莫大於死生之際。人之所當自盡者也。人當如此。而猶有不能如此。此聖人所以寓微意而感動之。若不看聖人微意所在。只說箇人人能如此自盡。則聖人之發此言似乎無味

○曾子曰。吾聞諸夫子。孟莊子之孝也。其他可能也。其不改父之臣與父之政。是難能也

孟莊子。魯大夫。名速。其父獻子名蔑。獻子有賢德。而莊子能用其臣守其政。故其他孝行去聲雖有可稱。而皆不若此事之爲難。朱子曰。人固有用父之臣者。然稍拂他私意。便自容不得。亦有行父之政者。於私欲稍有不便處。自行不得。古今似此者甚多。如唐太宗爲高宗擇許多人。如長孫無忌褚遂良之徒。高宗因立武昭儀事。便不能用。又季文子相三君。無衣帛之妾。無食粟之馬。到季武子便不如此。便是不能行父之政。以此知孟莊子。豈不爲難能。○獻子歷相君五十年。魯人謂之社稷之臣。則其臣必賢。其政必善矣。莊子年少嗣立。又與季孫宿同朝。宿父文子忠於公室。宿不能守而改之。莊子乃獨能不改父之臣與父之政。而終身焉。是孔子之所謂難也。○南軒張氏曰。以爲難能。特曰爲之不易云耳。蓋父之臣與父之政。誠善矣。固當奉而篤之。若不幸而悖於理。害於事。則當察而更之。是乃致其誠愛於親也。孟莊子之所以終不改者。意者其事雖未爲盡善。亦不至於悖理害事之甚。故有取其不忍於改也。○雙峯饒氏曰。夫子以莊子之不改父臣父政爲孝。

見得三年無改於父之道。正是不改其父道之善處。○雲峯胡氏曰。二章皆曰吾聞諸夫子。饒氏以爲曾子尊其所聞如此。尹和靖作論語解所謂愚聞之師曰亦如此。愚謂朱子得於延平者亦然

○孟氏使陽膚爲士師。問於曾子。曾子曰。上失其道。民散久矣。如得其情。則哀矜而勿喜

陽膚。曾子弟子。民散。謂情義乖離。不相維繫。謝氏曰。民之散也。以使之無道。教之無素。故其犯法也。非迫於不得已。則陷於不知也。故得其情。則哀矜而勿喜 朱子曰。生業不厚。教化不脩。内無尊君親上之心。外無仰事俯育之賴。是以恩踈義薄。不相維繫。而日有離散之心 ○南軒張氏曰。先王之於民。所以養之教之者。無所不用其極。故民心親附其上。服習而不違。如是而猶有不率焉。而後刑罰加之。蓋未嘗不致哀矜惻怛也。若夫後世。禮義衰微。所以養之教之者。皆蕩而不存矣。上之人未嘗心乎

民也。故民心亦渙散而不相屬。以陷於罪戾。而蹈於刑戮。此所謂上失其道。民散久矣。方是時任士師之職者獄訟之際。其可以得情爲喜乎。蓋當深省所以使民至於此極者。以極其哀矜之意焉可也。能存此心。則有以仁乎斯民矣。○勉齋黄氏曰。得情而喜。則太刻之意或溢於法之外。得情而矜。則不忍之意常行於法之中。仁人之言。蓋如此。○慶源輔氏曰。民之犯罪有二。迫於不得已。則使之無其道故也。陷於不自知。則教之無其素故也。後世治獄之官。每患不得其情。苟得其情則喜矣。豈知哀矜而勿喜之味哉。且人喜則意逸。逸則心放。放則哀矜之意不萌。其於斷獄訟之際。必至於過中失入。有不自知者。唯能反思夫民情之所以然。則哀矜之意生而喜心忘矣。詳味曾子之言。至誠惻怛而體恤周盡如此。嗚呼仁哉。○雲峯胡氏曰。集註情義乖離不相維繫八字釋一散字。情相維繫不忍離。義相維繫不可離。上之人何忍使之離而至於犯法也哉。虞書曰。欽哉欽哉。惟刑之恤哉。欽恤是形容帝堯好生之心。欽則自然有哀矜之心。恤則自然無喜之意。○新安陳氏曰。後世之民犯刑多。上失其道之所致。未必皆其民之罪。刑獄固在得其情。而不可喜得其情。欲得其情。固在於悉

其聰明。而哀矜勿喜。尤在於致其忠愛歟

○子貢曰。紂之不善。不如是之甚也。是以君子惡居下流。天下之惡皆歸焉。惡居之惡去聲

下流。地形卑下之處。衆流之所歸。喻人身有汙賤之實。亦惡名之所聚也。子貢言此。欲人常自警省。悉井反不可一置其身於不善之地。非謂紂本無罪而虛被惡名也

南軒張氏曰。紂不道極矣。其始亦未至若是之甚。惟其爲不善。而天下之惡皆歸之。日累月成。以至貫盈。豈不猶川澤居下而衆水歸之乎。○雙峯饒氏曰。子貢非爲紂分踈。其意在下兩句。○厚齋馮氏曰。紂名辛。字受。紂諡也。後世定謚。謂殘義損善曰紂

○子貢曰。君子之過也。如日月之食焉。過也人皆見之。更

也人皆仰之更平聲
南軒張氏曰人皆見之者君子不文飾掩蔽其過日月之食旋而復矣無損其明也故君子改過不吝而德愈光焉○勉齋黄氏曰過也明白而無掩覆故人皆見更也瑩徹而無瑕疵故人皆仰○雙峯饒氏曰君子無掩覆之意有過則人之所共知既改又脫然更無惹絆或問君子如何獨能用心如此曰君子所以能如此者只是純乎天理之公而無人欲之私若此心猶有分毫私累在人欲上便做君子事不得○新安陳氏曰君子不諱過故方過而人見速改過故無過而人仰如日月雖或不免於食而明還何損於明若小人則諱過而掩匿不改過而固吝益重其過而愈暗愈甚矣豈有日月明白瑩徹之氣象哉

○衛公孫朝問於子貢曰仲尼焉學朝音潮焉於虔反
公孫朝衛大夫

子貢曰文武之道未墜於地在人賢者識其大者不賢者

識其小者莫不有文武之道焉夫子焉不學而亦何常師之有識音志下焉字於虔反

文武之道謂文王武王之謨訓功烈與凡周之禮樂文章皆是也在人言人有能記之者識記也朱子曰文武之道只指先王之禮樂刑政教化文章而已若論道體則不容如此立言矣未墜地只是說未墜落於地而猶在人耳大者是禮之大綱領小者是零碎條目孔子雖生知然何嘗不學亦何所不師然則能無不學無不師者是乃聖人所以爲生知也在人之人正指老聃萇弘郯子師襄之傳耳若入太廟而每事問焉則廟之祝史亦其一師也問仲尼祖述堯舜憲章文武如何子貢不說堯舜之道只說文武之道雙峯饒氏曰堯舜遠文武近子貢是就其近者而言要之道非文武之所得專文武之道即堯舜之道堯舜之道即文武之道不賢者只指衆人而言不是不好底人新安陳氏曰焉學問何所從學焉不學謂何所不從學此論夫子之學而專言文武

之道者。蓋列聖道統傳在文武。而文武之道統傳在孔子故也。文武之道無往不在。夫子於文武之道無往不學。惟善是主。初無常師。此所以備斯文之大全。集列聖之大成歟

○叔孫武叔語大夫於朝曰。子貢賢於仲尼語去聲朝音潮

武叔。魯大夫。名州仇朱子曰。子貢賢於仲尼。聖人固自難知。如子貢在當時想是大段明辨果斷。通曉事務。歆動得人。孔子自謂達不如賜。○葉氏少蘊曰。子貢晚見用於魯。懼吳之强大。曉宰嚭而舍衛侯。伐齊之謀。詰陳成子而反其侵地。魯人賢之。此武叔所謂賢於仲尼者也

子服景伯以告子貢。子貢曰。譬之宮牆。賜之牆也及肩。窺見室家之好

牆卑室淺朱子曰。古人宮外只是牆。無今人廊屋

夫子之牆數仞。不得其門而入。不見宗廟之美。百官之富

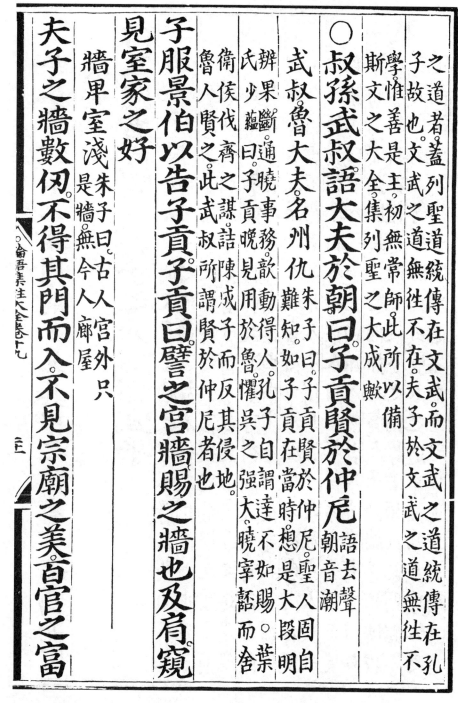

七尺曰仞。不入其門。則不見其中之所有。言牆高而宮廣也

得其門者或寡矣。夫子之云不亦宜乎

此夫子指武叔。或問夫子之牆數仞。不得其門而入。夫子之道高遠。故不得其門而入也。朱子曰。不然。顏子得入。故能仰之彌高。鑽之彌堅。至于在前在後。如有所立卓爾。曾子得入。故能言夫子之道忠恕。子貢得入。故能言性與天道不可得聞。文章可得而聞。他人自不能入耳。非高遠也。七十子之徒幾人入得。譬如與兩人說話。一人理會得。一人理會不得。會得者便是入得。會不得者便是入不得。且孔子之教衆人。與教顏子何異。顏子自入得。衆人自入不得。多少分明。○雙峯饒氏曰。聖人之道。雖曰難入。然其入亦自有方。且如仰彌高。鑽彌堅。此是數仞難入處。夫子循循善誘。博我以文。約我以禮。這便是從入之門。學者須從此門路入。方有所見。○新安陳氏曰。賢人之道。卑淺易見。聖人之道。高深難知。此子貢以牆室取譬之意也。要之觀乎賢

人則見聖人。使叔孫果知子貢之所以爲子貢。則亦必畧知孔子之所以爲孔子。豈至爲此言哉。叔孫非特不知孔子。亦不知子貢也。

○叔孫武叔毀仲尼。子貢曰。無以爲也。仲尼不可毀也。他人之賢者。丘陵也。猶可踰也。仲尼。日月也。無得而踰焉。人雖欲自絶。其何傷於日月乎。多見其不知量也。量去聲

無以爲。猶言無用爲此。土高曰丘。大阜曰陵。日月。喻其至高。自絶。謂以毀謗自絶於孔子。南軒張氏曰。子貢善喻。如宮牆日月之喻者。可謂切矣。夫丘陵固可踰。太山雖高。然猶有可踰之理。至於日月之行天。則孰得而踰之哉。人之議日月者。初何損於日月之明。徒爲自絶於日月而已矣。○胡氏曰。聖人之心。如化工之生物。未嘗不欲物物而生之也。彼傾者覆之。物自傾而不得受化工之生也。聖人未嘗有絶人之心。彼毀謗者自絶於聖人耳。多。與祗

同。適也。不知量謂不自知其分扶問反量也厚齋馮氏曰。量謂斛斗升合。小大不同也。新安陳氏曰。聖人有聖人之分量。賢人有賢人之分量。愚人有愚人之分量。州仇不自知其庸愚之分量。宜其不足以知聖人之分量也。孔子之道。如日月行天。萬古常明。雖有州仇之毀。何損於明。子貢以何傷日月曉譬之。可謂智足以知聖人。而警之深矣

○陳子禽謂子貢曰。子爲恭也。仲尼豈賢於子乎

爲恭。謂爲恭敬。推吐雷反遜其師也

子貢曰。君子一言以爲知。一言以爲不知。言不可不慎也

知去聲

責子禽不謹言勉齋黃氏曰。一言善爲知。一言不善爲不知。知不知係於一言。不可不謹

夫子之不可及也。猶天之不可階而升也

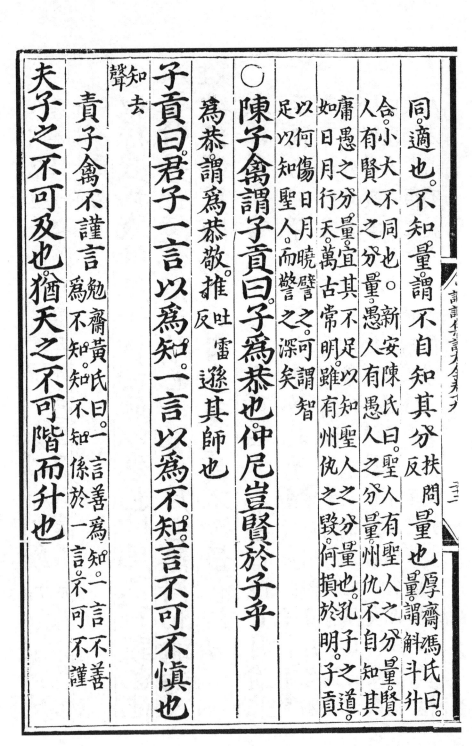

階梯也。大可爲也，化不可爲也，故曰不可階而升也。新安陳氏曰：孟子曰"大而化之之謂聖"。由善信美而至於大，乃思勉之所可及，故曰可爲，猶可躡階梯而升也。至於化，則非思勉之所可及，故曰不可爲，非可躡階梯而升矣。朱子以此發明孔子所以如天之不可階而升之實處，然後子貢取譬之意顯然矣。

夫子之得邦家者，所謂立之斯立，道之斯行，綏之斯來，動之斯和。其生也榮，其死也哀，如之何其可及也？道，去聲。

立之，謂植其生也。道，引也，謂教之也。行，從也。綏，安也。來，歸附也。動，謂鼓舞之也。和，所謂於音烏變時雍。書堯典曰：克明俊德，以親九族。九族既睦，平章百姓。百姓昭明，協和萬邦。黎民於變時雍。變，變惡爲善也。時，是也。雍，和也。言其感應之妙，神速如此。榮，謂莫不尊親。哀，則如喪考妣。程子曰。此聖人之神化。上下與天地同流者也○謝氏曰。觀子貢稱聖人語。乃知晚年進德蓋極於高遠也。夫子之得邦家者。其鼓舞群動捷於桴鼓影響。新安倪氏曰。禮記土鼓蕢桴。音浮左傳成公二年。右援枹而鼓。枹。鼓槌。音浮。本作桴。漢書枹鼓之枹音桴。風無反。則此桴字不音桴。若音桴者。乃乘桴浮海之桴桃也人雖見其變化。而莫窺其所以變化也。蓋不離去聲於聖而有不可知者存焉。聖而進於不可知之之神矣。此殆難以思勉及也。問立之謂植其生。朱子曰。五畝之宅。樹之以桑。百畝之田。勿奪其時。便是。問動謂鼓舞之。曰。勞之來之。又從而振德之。振德便是鼓舞。使之歡喜踊躍遷善改過而不自知。如書之俾予從欲以治。惟動丕應徯志。皆是動之斯和意思。○此言德盛仁熟。本領深厚。纔做出便自恁地。○生榮死哀。子貢言夫子得邦家時。其效如此。范氏所謂生則天下歌誦。死則如喪考妣者是也歟

○南軒張氏曰。立之斯立。道之斯行。綏之斯來。動之斯和。者。不疾而速。不行而至。惟天下至神。感無不通也。○勉齋黄氏曰。立之謂制其田里。道謂道之以德。綏謂撫安之。立之固也。動謂鼓舞之。道之深也。立之。道之。綏之。動之。皆聖人政化之施。斯立。斯行。斯來。斯和。皆天下感動之速。或曰。子貢知足以知聖人。今乃不言其德而稱其得邦家之效。何也。曰。天之德不可形容。即其生物而見其造化之妙。聖人之德不可形容。即其感人而見其神化之速。天下之理。實大則聲宏。本深則末茂。感動之淺深遲速。未有不視其德之所至者。聖人道全德備。高明博厚。則其感於物者如此。因其感於物以反觀聖人之德。豈不曉然而易見哉。○厚齋馮氏曰。聖門諸子。平日單辭數語。形容夫子。平澹涵蓄。莫窺其際。唯孟子所引宰我子貢有若之推尊夫子。與此子貢三章之言。蓋激於世之不知者。乃始極口稱之。而夫子之得邦家尤見其神化之妙也。○雲峯胡氏曰。此章集註當與首篇子禽問於子貢通看。前謂聖人過化存神之妙。未易窺測。此則引程子曰。聖人神化。上下與天地同流。然則聖人過化存神之妙。子貢於是始知之矣。前引謝氏曰。子貢亦可謂善觀聖人矣。亦可謂善言德行矣。今引謝氏曰觀子貢稱聖人語。乃知晚年進德蓋極於高遠也。然則前不過謂子貢亦善觀聖人。今則可謂眞知聖人矣。讀集註者當看其前後相應處。便可見晚年進德處。且子禽之問凡三。始則疑夫子求問政。次疑夫子之私其子。今則疑子貢賢於夫子。所見者每降益下。此篇子貢之稱夫子亦三。始則喻之以數仞之墻。次則喻之以日月。今則喻之以天之不可階而升。其所見每進而益高。若以爲皆孔子弟子也。其所見抑何霄壤之邈如是哉。其死也哀。而子貢哀慕之心倍於父母。至廬墓者凡六年之久。則其晚年所得於夫子者蓋益深矣。○新安陳氏曰。此章前言夫子之不可及。以其德之化不可爲者言也。夫子不幸而不得時。不得位。故其德之化雖妙於吾身。而其神化之用不見於天下。使得時得位。則其神化之功用。眞有與天地同流者。終言如之何其可及。以其神化之不可測者言也。夫子之道猶天然。天固有目者所共覩。天之所以爲天。則非知天者不能知也。必子貢之知始足以知此。彼陳亢者其不足以及此宜哉

論語集註大全卷之十九

論語集註大全卷之二十

堯曰第二十

凡三章

堯曰咨爾舜天之曆數在爾躬允執其中四海困窮天祿永終

此堯命舜而禪（時戰反）以帝位之辭咨嗟嘆聲曆數帝王相繼之次第猶歲時氣節之先後也允信也中者無過不及之名四海之人困窮則君祿亦永絕矣戒之也朱子曰帝王相承其次第之數若曆之歲月日時亦有先後之序然聖人所以知其序之屬於此人亦以其人之德知之非若讖緯之說姓名見於圖籙而爲言也聖賢言中有二義大本云者喜怒哀樂未發之時之理其氣象

如此也。時中云者。理之在事而無過不及之地也。此曰允執其中。蓋以其在事者而言。若天下之大本則不可得而執矣。且聖人之道。時行時止。夫豈專以堀然不動者爲是而守之哉。伊川云。允執其中。中作麽執得。識得則事事物物上皆天然有箇中在那上。不待人安排。安排着則不中矣。南軒張氏曰。以其德當天心。故知天之曆數在其躬。允執其中。事事物物皆有中。天理之所存也。惟其心無依倚。則能執其中至不失。此所謂時中也。君之所爲安榮者。以民故也。天之視聽自我民視聽。若四海困窮。則天禄亦永終矣。聖人之相授。凡以天人之際而已。○雙峯饒氏曰。或以守字解執字。守與執不同。執是執其要。事事物物各自有中。凡舉一物便要執定那要處。如執扇須執柄相似。如擇乎中庸而不能朞月守。方是守。便易得死殺了。執者隨事隨物而執其中。不死殺。○新安倪氏曰。按執云者。非執一定之理。蓋於事物上酌其中而執以用之。中庸謂舜用其中。即用其所執之中也

舜亦以命禹

舜後遜位於禹。亦以此辭命之。今見形甸反於虞書大禹謨。比此加詳。朱子曰。中只是箇恰好的道理。允是眞箇執得。堯當時告舜只說這一句。後來舜告禹又添得人心惟危。道心惟微。惟精惟一三句。說得又較子細。這三句是允執厥中以前事。是舜教禹做工夫處。人心惟危。道心惟微。須是惟精惟一。方能允執厥中。堯當時告舜只說一句。舜已曉得那箇了。所以不復更說。舜告禹時便是怕禹尚未曉得。故恁地說。論語後面說謹權量。審法度。修廢官。舉逸民之類。皆是恰好當做底事。這便是堯舜禹湯文武治天下只是這箇道理。聖門所說也只是這箇。雖是隨他所開所記說得不同。然却只是一箇道理。如屋柱似進來處雖不同。入到裏面只是共這箇屋。大槩此篇所載。便是堯舜禹湯文武相傳治天下之法。雖其纖悉不止此。然大要却不出此。大要於此可見。○雲峯胡氏曰。天下之大。運之在心。此心之用稍有過不及。即非中矣。非中則四海將至困窮。而天祿亦永終矣。授命之際。天祿方於此乎始也。而即以永終言之。爲戒深矣。○新安陳氏曰。天祿永終。與天之曆數在爾躬相照應。允執其中。告以保天祿之本也。四海困窮。不能允執其中之驗。所以致天祿之永終也。舜之授禹。謹述此四句不易一字。但辭加詳而理益明意益盡耳。舜之授禹。具載於書。堯之授舜。微弟子記之於此。則三聖人以一中相授受之淵源。其孰從而知之哉

曰予小子履敢用玄牡敢昭告于皇皇后帝有罪不敢赦。帝臣不蔽簡在帝心。朕躬有罪無以萬方。萬方有罪罪在朕躬

此引商書湯誥之辭。蓋湯既放桀而告諸侯也。與書文大同小異。曰上當有湯字。履蓋湯名。疏世本云湯名天乙。孔安國云至爲王改名履。用玄牡。夏尚黑。未變其禮也。記檀弓上夏后氏尚黑。大事斂用昏。大事謂喪事。戎事乘驪。戎。兵也。馬黑色曰驪。牲用玄。殷人尚白。大事斂用日中。戎事乘翰。牲用白。翰。白色馬也。周人尚赤。大事斂用日出。戎車乘騵。牲用騂。簡。閱也。言桀有罪。已不敢赦。而天

下賢人皆上帝之臣。已不敢蔽。簡在帝心。惟帝所命。此述其初請命而伐桀之詞也。又言君有罪非民所致。民有罪實君所爲。見其厚於責己薄於責人之意。此其告諸侯之辭也。朱子曰。簡閱也。善與罪天皆知之。如天點檢數過。爾之有善也在帝心。我之有惡也在帝心。○南軒張氏曰。有罪不敢赦。謂桀得罪於天。不敢稽天命而不討。然凡天下之人。莫非帝之臣。其善惡不可蔽也。則何敢專。顧帝所眷命何如耳。已有罪則不敢以及萬方。萬方有罪則歸之於己。此其自列以聽天命之辭。公天下之心如此。然則其有天下也。亦何與於己哉。○雙峯饒氏曰。湯述其告天之辭以告諸侯

周有大賚。善人是富。賚來代反

此以下述武王事。賚予也。予通作與。武王克商。大賚于四海。見形甸反周書武成篇。此言其所富者皆善人也。詩序曰

賚所以錫予善人。詩周頌。賚。大封於廟也。賚予也。言所以錫予善人也。蓋本於此
雙峯饒氏曰。紂爲天下逋逃主。所用皆是惡人。故武王伐商之初。便把善人是富做箇打頭第一件事。大賚是錫予普及四海。其中善人。則錫予又自加厚。洪範曰。凡厥正人。既富方穀。正人既得其富。則其爲善也篤。故不容以泛然錫賚施之也

雖有周親。不如仁人。百姓有過。在予一人

此周書泰誓之辭。孔氏曰。孔氏。名安國。西漢曲阜人周。至也。言紂至親雖多。不如周家之多仁人問雖有周親。注紂之至親雖多。他衆叛親離。那裏有至親。朱子曰。紂之至親豈不多。唯其衆叛親離。所以不濟事。故書謂紂有億兆夷人。離心離德是也。○南軒張氏曰。周有大賚。惟善人之是富。雖有周至親。不如仁賢。如周公雖至親。亦以尊賢之義爲重也。百姓有過。在予一人。是武王公天下之心。與成湯無以異也。此所載帝王之事。孔子之所常言。門人列於末章。所以見前聖後

聖之心。若合符節。其不得時位而在下。則夫子之道。其得時位而在上。則帝王之業○厚齋馮氏曰。微子去之。箕子爲之奴。比干諫而死。雖紂至親。不獲用也。予小子既獲仁人。祇承上帝。蓋武王有亂臣十人。皆爲用也。奉天討罪。以罪己爲本。故曰禹湯罪己。其興也勃焉

謹權量。審法度。修廢官。四方之政行焉

權。稱去聲錘直垂反也。量。去聲斗斛也。古註引漢律歷志云。權者。銖兩斤鈞石也。所以稱物平施知輕重也。本起黃鍾之重。一龠容千二百黍重十二銖。兩之爲兩。二十四銖爲兩。十六兩爲斤。三十斤爲鈞。四鈞爲石。五權謹矣。量者。龠合升斗斛也。所以量多少也。本起於黃鍾之龠。用度數審其容。以子穀秬黍中者千有二百實其龠。合龠爲合。十合爲升。十升爲斗。十斗爲斛。五量嘉矣。又云度者。分寸尺丈引也。所以度長短也。本起黃鍾之長。以子穀秬黍中者一黍之廣爲一分。十分爲寸。十寸爲尺。十尺爲丈。十丈爲引。而五度審矣。而此不言度者。從可知也。法度。禮樂制度皆是也

興滅國。繼絶世。舉逸民。天下之民歸心焉

興滅繼絶。謂封黃帝堯舜夏商之後。舉逸民。謂釋箕子之囚。復商容之位。三者皆人心之所欲也

禮記。武王克殷反商。未及下車而封黃帝之後於薊。封帝堯之後於祝。封帝舜之後於陳。下車而封夏后氏之後於杞。投殷之後於宋。封王子比干之墓。釋箕子之囚。使之行商容而復其位。庶民弛政。庶士倍祿○朱子曰。興滅國。繼絶世。舉逸民。此聖人之大賞。兼弱攻昧。取亂侮亡。此聖人之大罰○雙峯饒氏曰。謹權量。是平其在官之權衡斗斛。使無過取於民。關石和鈞。王府則有。固是要通乎官民。然民間權量關係尚淺。最是官府與民交涉。便易得加增取盈。當今苗斛皆然。當紂之時。必是取民過制。所以武王於此不容不謹。審法度。是審度可否因革之宜。是底因之。不是底革之。即此便是審處。修廢官。亦只是因其見在之官。而廢者從頭改去。興滅繼絶。只是一事。黃帝堯舜禹湯。皆有功德於民。合當他子孫有國。如何不繼其絶。後得逸民。是有德而隱者。亦合當教他有祿。民心皆欲得

其如此。而我則與之。繼之舉之。此其所以歸心

所重民食喪祭

武成曰。重民五教。惟食喪祭。節齋蔡氏曰。五教。君臣。父子。夫婦。兄弟。長幼。五典之教也。食以養生。喪以送死。祭以追遠。五教。三事。所以立人紀而厚風俗。聖人之所甚重焉者。○雙峯饒氏曰。周有大賚以下。夫子零碎收拾。或舉其辭。或述其事。湊成武王一段事實

寬則得衆。信則民任焉。敏則有功。公則說。說音悅

此於武王之事無所見。恐或泛言帝王之道也。雲峯胡氏曰。帝王之道。不能外一中字。堯舜以禪讓爲中。湯武以征伐爲中。泛言之。則曰寬。曰信。曰敏。曰公。約言之。口中而已○新安陳氏曰。寬者柔之中。敏者剛之中。信者中之實。公者中之體也○楊氏曰。論語之書皆聖人微言。而其徒傳守之。以明斯道者也。故於終

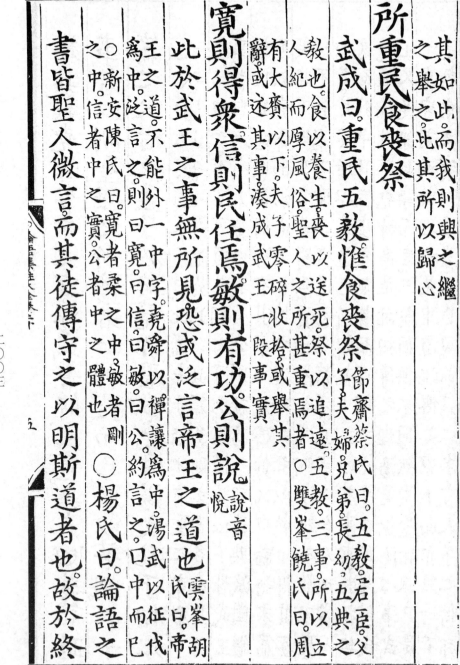

篇具載堯舜咨命之言。湯武誓師之意。與夫音扶施諸政事者。以明聖學之所傳者一於是而已。所以著明二十篇之大旨也。孟子於終篇亦歷叙堯舜湯文孔子相承之次。皆此意也。朱子曰。此篇夫子誦述前聖之言。弟子類記於此。○此篇多闕文。當各本其所出而解之。有不可通者闕之可也。謹權量以下皆武王事。當自周有大賚以下至公則說為一章。蓋與滅國繼絕世舉逸民。當時皆有其事。○勉齋黃氏曰。論語末篇歷叙堯舜禹湯武王相傳之道。而先之以執中得其要矣。其下泛及賞善罰惡責己恕人。大綱小紀本數末度無不具舉。蓋帝王之道。初無精粗。凡事之合天理當人心者。是其所以為道也。所謂執中。正以其事事物物無適而非中耳。豈虛空無據而可謂之中乎。○雙峯饒氏曰。通論此章。堯舜禹是說相傳之理。湯是說他心事。武王又是兼政事而言。三說固無不同。然累聖相承只是一中字。前面說理處是中道流傳之原。下面亦無一不是執中之實。○雲峯胡氏曰。前篇之末。言夫子之得邦家者。其用必如此。此篇之首。則述叙自古帝王之用。固如此。以見聖學之所傳者。無非有體有用之學。而凡論語二十篇之大旨。皆不外此也。孟子篇終。即此意。但孟子聞知見知者。知其道也。是從知上說。此則從行道上說。行無不本於知。知即所以行。固無異也

○子張問於孔子曰。何如斯可以從政矣。子曰。尊五美。屏四惡。斯可以從政矣。子張曰。何謂五美。子曰。君子惠而不費。勞而不怨。欲而不貪。泰而不驕。威而不猛。子張曰。何謂惠而不費。子曰。因民之所利而利之。斯不亦惠而不費乎。擇可勞而勞之。又誰怨。欲仁而得仁。又焉貪。君子無衆寡。無小大。無敢慢。斯不亦泰而不驕乎。君子正其衣冠。尊其瞻視。儼然人望而畏之。斯不亦威而不猛乎。費芳味反 焉於虔反 ○

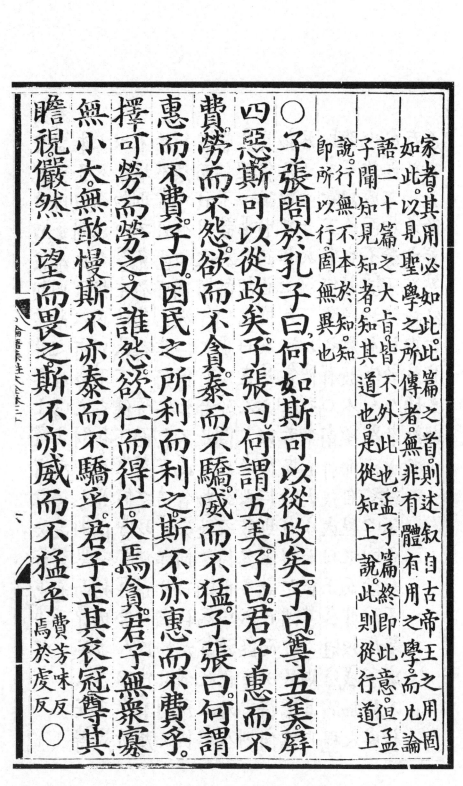

新安倪氏曰。按韻書屏字上聲者。註云蔽也。去聲
者。註云除也。屏四惡之屏當去聲讀。而舊音丙
朱子曰。謝氏云。以府庫之財與人。則惠而費矣。又安得
人人而給之。惟因四時之和。因原隰之利。因五方之財。
以阜物。以厚生。使民不饑不寒。何費之有。勞人以力所
不堪。則不免於怨。擇可勞而勞之。以佚道使民。惟喜康
共。不常厥邑可也。其究安宅。百堵皆作可也。如此則又
何怨之有。○問欲仁得仁。又焉貪。如何。曰。仁是我所固
有。而我得之。何貪之有。若是外物。欲之則爲貪。此正與
當仁不讓於師同意。曰。於問政及之。何也。曰。治己治人。
其理一也。○胡氏曰。在人上者。人欲爲多。不能窒之。則
其貪無時而已。惟反是心以欲仁。則求諸己而必得。何
物足以累其心。夫何貪。泰者。安舒自得之謂。近於驕
君子心一於敬。不以彼之衆寡大小而貳其心。則於其自縱
處之未嘗不安。何驕之有。○南軒張氏曰。正衣冠尊瞻視。
臨之以莊也。持身嚴。故人望而自畏之。而非以威加人
也。故威而不猛。若有使人畏己之心。則猛而反害於威
矣。惠不費。勞不怨。施於人者也。欲不貪。泰不驕。威不猛。
存於己者也。爲政內外始終之
道。亦云備矣。然欲仁其本歟

子張曰。何謂四惡。子曰。不教而殺謂之虐。不戒視成謂之暴。慢令致期謂之賊。猶之與人也。出納之吝。謂之有司。出去聲

虐謂殘酷不仁。暴謂卒倉沒反遽無漸。致期刻期也。賊者。切害之意。緩於前而急於後。以誤其民而必刑之。是賊害之也。猶之。猶言均之也。均之以物與人。而於其出納之際乃或吝而不果。則是有司之事。而非爲政之體。所與雖多。人亦不懷其惠矣。項羽使人有功當封。刻印刓吾官反忍弗能予。適作與卒以取敗。亦其驗也。通鑑。漢高祖元年。韓信問漢王曰。今與爭權天下。豈非項王耶。王曰。然。曰。大王自料勇悍仁彊。孰與項王。漢王良久。曰。不如也。信曰。信亦以

爲大王不如也。然臣嘗事之。請言其爲人。項王喑音噁烏故反叱昌力反咤。竹駕反漢書作意烏猝嗟千人皆廢。然不能任其賢將。此特匹夫之勇耳。項王見人恭敬慈愛。言語嘔嘔。凶于反悅言也漢書作姁音同人有疾病。泣涕分飲食。至使人有功當封爵者。刻印刓。訛缺也忍弗能予。此所謂婦人之仁也。○朱子曰。猶之均之也。如言一等是如此。史家多有此般字。此吝字說得來又廣。只是戒人遲疑不決。若當賞便用賞。遲疑之間。澀縮靳惜。便誤事機。如李絳勸憲宗速賞魏博將士。謂若待其來請而後賞之。則恩不歸上矣。政是此意。若是有司出納之間。吝惜不敢自專。却是本職當然。人君爲政。大體却不可如此。當與便果決與之。○問四惡之說。曰。虐也。暴也。賊也。謝氏得之。有司之說。楊氏爲當。謝曰。古者以五戒先。後刑罰。所以警昏愚懲怠慢也。戒之既至。然後可以責成矣。不先戒之。彼且烏知先後緩急之所在。遽以視成。不亦暴乎。令嚴者欲其不犯。衆以誓之。垂象以曉之。讀法以諭之。上自慢其令。而欲下之嚴。其可得乎。如是而致期焉。期而不至則罪之。是罔民也。楊曰。非其義也。一介不以予人。而不爲吝。義在可與。而惟出納之吝。在有司則爲善。在爲上則爲惡。天下之事。亦惟當其可而已○問猶之與人也出納之吝何以在四惡之數曰此一惡比上三惡似輕然亦極害事蓋此人乃是箇多猜嫌疑慮之人賞不賞罰不罰疑吝不決正如唐德宗是也○南軒張氏曰虐暴賊皆不仁者之爲也出納之吝不知者之爲也○勉齋黄氏曰惠易費勞易怨欲易貪泰易驕威易猛今至於不犯人情之所易則美之至者也殺不可也甚則不殺而殺視成不可也甚則不教而視成致期不可也甚則慢令而致期吝不可也甚則與人而亦吝今至於犯人情之所已甚則惡之至者也此一尊一屏聖人之所以深戒之也○雙峯饒氏曰要行一事須預先告戒使遵承而後可若不先告戒之猝然要責他成就豈不是暴慢令於先一時却去緊他是誤而賊之也當與而吝易失人心也是惡上三者是急迫之惡下一件是悠緩之惡○雲峯胡氏曰四惡虐爲甚暴次之賊又次之剛惡也吝如有司不能專決柔惡也蓋吝之一字在有司不便謂之惡從政而謂之有司則惡矣故特著項羽以吝取敗之事以示爲政不知大體者之戒○尹氏曰告問政者多矣未有如此之備者也故記之以繼帝王之治去聲

則夫子之爲政可知也趙氏曰。孔子論爲政之方莫詳於此。故門人取以附前章之後。夫子之爲政。蓋與帝王若合符節○雲峯胡氏曰。問政見於論語者。齊景公葉公各一。季康子凡二。仲弓子路子張子夏各一。夫子答之未有如此章之詳者。蓋惠未有不費。勞未有不怨。欲則易貪。泰則易驕。威則易猛。令皆不然。所以爲美也。虐之而不知教。暴之而不知戒。賊之而不知令。吝之而不知與。爲民父母者。奚忍如是哉。此所以爲惡也

○子曰。不知命無以爲君子也

程子曰。知命者。知有命而信之也。不知命則見害必避。見利必趨。何以爲君子朱子曰。此與五十知天命不同。知天命。謂知其理之所自來。此不知命是說死生壽夭貧富貴賤之命。今人開口亦解說一飲一啄自有分定。及遇小小利害。便生趨避計較之心。古人刀鋸在前。鼎鑊在後。視之如無者。只緣見道理。都不見那刀鋸鼎鑊○論語首云人不知而不慍。不

亦君子乎。終云無以爲君子也。此深有意。蓋學者所以學爲君子。若不知命。則做君子不成。○胡氏曰。一定而不可易者命也。人不知命。常求其所不可得。避其所不可免。斯所以徒喪所守而爲小人也。○慶源輔氏曰。此命。指氣而言。謂貧賤富貴窮通得喪。一定不可易者。必知此而信之。始見利不苟就。見害不苟避。故全得我之義理。所以爲君子。○雲峯胡氏曰。程子釋朝聞道。謂知而信者爲難。此亦謂知而信之者。知而不信。知之猶未至也。知之猶未至。則凡見利必趨。見害必避。皆小人之爲也。欲爲君子得乎。首篇不亦君子乎。是已到君子地位。此曰無以爲君子也。是方做君子根脚

不知禮無以立也

不知禮則耳目無所加。手足無所措雲峯胡氏曰。集註十字。是形容無以立三字。耳目無所加。是懵然不知有可立之地。手足無所措。是茫然卒無可立之地

不知言無以知人也

言之得失可以知人之邪正慶源輔氏曰。言。心聲也。因言之得失。可以知人之邪正。惟格物窮理之君子能之。○雲峯胡氏曰。孟子知言之謂。蓋本於此。但集註釋孟子知言則曰凡天下之言識其是非得失之所以然。而此不過曰無以知人之邪正。此爲學者言。彼則孟子自言也。於此亦見集註之精。

○尹氏曰。知斯三者。則君子之事備矣。南軒張氏曰。此所論命。謂窮達得喪之有命也。不知命則將徼倖而苟求。何以爲君子乎。知命則志定。然後其所當爲者可得而爲矣。禮者。所以檢身也。不知禮則視聽言動無所持守。其將何以立乎。知禮則有踐履之實矣。知言。知吉人之辭寡。躁人之辭多之類。不知言則無以知其實情之所存。其將何以知人乎。故知言則取友不差矣。此三者學者之所宜先。切要之務也。必以是爲本。而後學可進。不然。雖務於窮高極遠。而終無所益。門人以此終論語之書。豈無旨哉。○勉齋黃氏曰。知命。知其在天者。知禮。知其在己者。知言。知其在人者。知天則利害不能動乎外。而後可以脩諸己。知禮則義理有以養乎內。而後可以察諸人。知天而不知己。未必能安乎天。知己而不知人。未必能益乎人。

己○慶源輔氏曰知命則在我者有定見知禮則在我者有定守知言則在人者無遁情知斯三者則內足成己之德外足盡人之情故君子之事備○雲峯胡氏曰學始於致知終於治國平天下前篇之末與此篇前二章皆說治國平天下聖學之終事此章復提起三知字是聖學之始事知斯三者而爲君子則聖學之體立遇時而用之則聖學之用行弟子記此以終一書不無意矣

弟子記此以終篇得無意乎學者少去聲而讀之老而不知一言爲可用不幾平聲於侮聖言者乎夫子之罪人也可不念哉

覺軒蔡氏曰論語首章末以君子言末章首以君子言聖人教人期至於君子而已詳味兩章語意實相表裏學者其合而觀之○新安陳氏曰論語一書夫子以君子教人者多矣首末兩章皆以君子言之記者之深意夫子嘗自謂不怨天不尤人人不知而不慍不尤人也知命則不怨天且樂天矣學者其深玩潛心焉

論語集註大全卷之二十

孟子集註序說

史記列傳曰。孟軻趙氏曰。孟子魯公族孟孫之後。漢書云。字子車。一說字子輿。趙氏。名岐。字邠卿。東漢京兆人騶人也。騶亦作鄒。本邾國也。受業子思之門人。子思。孔子之孫。名伋。音急索隱云。王劭以人爲衍字。而趙氏註及孔叢子等書亦皆云孟子親受業於子思。未知是否。慶源輔氏曰。子思之門人。無顯名於後者。而孟子眞得子思之傳。則疑親受業於子思者爲是。而集註兩存其說。蓋自古聖賢。固有聞而知之者。不必待耳傳面命而後得也。又以中庸一書觀之。所以傳授心法。開示蘊奥。如此其至。則當時門弟子。豈無見而知之者。孟子從而受之。愈益光明。亦宜有之也。○西山眞氏曰。七篇之書。其出乎中庸者非一。其曰四端云者。則未發之中。中節之和也。蓋仁義禮知。性也。所謂大本也。惻隱羞惡辭讓是非。情也。所謂達道也。其曰禹稷顔回同道孔子仕止久速者則君子而時中也其曰鄉原亂德者則小人而無忌憚也其曰子莫執中者時中之反也其曰曾子北宮黝之勇者南北方之强也其曰仁人之實事親義之實從兄禮之實節文斯二者則仁者人也親親爲大義者宜也尊賢爲大親親之殺尊賢之等禮所生也其曰堯舜性之湯武反之則自誠明之謂性自明誠之謂教也其曰天下國家之本在身則爲天下國家有九經也至於誠者天之道思誠者人之道一章之義悉本於中庸尤足以見淵源之所自道既通趙氏曰孟子通五經尤長於詩書程子曰孟子曰可以仕則仕可以止則止可以久則久可以速則速孔子聖之時者也故知易者莫如孟子又曰王者之迹熄而詩亡詩亡然後春秋作又曰春秋無義戰又曰春秋天子之事故知春秋者莫如孟子尹氏曰以此而言則趙氏謂孟子長於詩書而已豈

知孟子者哉游事齊宣王宣王不能用適梁梁惠王不果所言則見以爲迂遠而闊於事情按史記梁惠王之三十五年乙酉孟子始至梁其後二十三年當齊湣王之十年丁未齊人伐燕而孟子在齊故古史謂孟子先事齊宣王後乃見梁惠王襄王齊湣王獨孟子以伐燕爲宣王時事與史記荀子等書皆不合而通鑑以伐燕之歲爲宣王十九年則是孟子先游梁而後至齊見宣王矣然考異亦無他據又未知孰是也新安陳氏曰謹按通鑑綱目周顯王三十三年乙酉孟軻至魏慎靚王二年壬寅魏君罃卒孟軻去魏適齊五年乙巳燕君噲以國讓其相子之赧王元年丁未齊伐燕取之分注但云齊王其下即書孟軻去齊赧王二年戊申即齊閔王地元年閔即湣

字。伐燕一事。史記以爲齊湣王十年丁未。蓋以顯王四十六年戊戌。爲齊閔王元年。通鑑以爲宣王十九年丁未。蓋以顯王三十七年己丑。爲宣王元年。史記通鑑之不同。蓋如此。證以通鑑綱目。丁未宣王卒。閔王立。戊申方改元。則丁未乃宣王末年。閔王繼位之年。蓋未能的知伐燕之爲先君事。與嗣君事也。以淖齒事證之。閔王爲是。孟子謂爲宣王。恐傳寫之訛耳。無所折衷。姑以綱目爲據云當是之時。秦用商鞅。倚兩反楚魏用吳起。齊用孫子田忌。天下方務於合從連衡。從。子容反。衡。與橫同。新安陳氏曰。蘇秦主合從之說。欲合六國爲一以抗秦。張儀主連衡之說。則離六國之交以事秦。六國。謂楚。燕。齊。韓。趙。魏也。以攻伐爲賢。而孟軻乃述唐虞三代之德。是以所如者不合。退而與萬章之徒序詩書。述仲尼之意。作孟子七篇。趙氏曰。凡二百六十一章。三萬四千六百八十五字。韓子曰。孟軻之書。非軻自著。軻既沒，其徒萬章、公孫丑相與記軻所言焉耳。愚按：二說不同，史記近是。〔韓子名愈，字退之，謚文公，唐鄧州人。問：序說謂史記近是，而集註於滕文公篇首章云門人不能盡記其辭，又第四章云記者之誤，如何？朱子曰：前說是，後兩處失之。熟讀七篇，觀其筆勢，如鎔鑄而成，非綴緝可就也。論語便是記錄綴緝所爲，非一筆文字矣。新安陳氏曰：愚聞或疑易繫辭有子曰字，以爲非孔子作。朱子曰：安知非後人所加？如周子自著通書，五峯刊之，每章加周子曰字。今讀孟子，亦當會此意。〕

韓子曰：堯以是傳之舜，舜以是傳之禹，禹以是傳之湯，湯以是傳之文武周公，文武周公傳之孔子，孔子傳之孟軻。軻之死，不得其傳焉。荀與揚也，擇焉而不精，語焉而不詳。程子曰：韓子此語，非是蹈襲前人，又非鑿空撰得出必有所見若無所見不知言所傳者何事。荀子。名況。戰國時趙人。揚子。名雄。漢蜀郡人。○朱子曰。此非深知所傳者何事則未易言也。堯舜之所以爲堯舜。以其盡此心之體而已。禹湯文武周公孔子傳之以至於孟子。其間相望有或數百年者。非得口傳耳授密相付屬也。特此心之體隱乎百姓日用之間。賢者識其大。不賢者識其小。而體其全且盡者則爲得其傳耳。○又曰。

孟氏醇乎醇者也。荀與揚大醇而小疵。程子曰。韓子論孟子甚善。非見得孟子意。亦道不到。其論荀揚則非也。荀子極偏駁。只一句性惡。大本已失。揚子雖少過。然亦不識性。更說甚道。荀子性惡篇。人之性惡。其善者僞也。今人之性。生而有好利焉。有疾惡去聲焉。有耳目之欲。好聲色焉。然則從人之性。順人之情。必出於爭奪。合於犯分亂理而歸於暴。故必將有師法之化。禮義之道。音導然後出於辭讓。合於文理而歸於治。然則人之性惡明矣。其善者僞也。○揚子脩身篇。人之性也。善惡混。脩其善。則爲善人。脩其惡。則爲惡人。氣也者。所適善惡之馬也歟。○朱子曰。韓子謂荀揚大醇小疵。非是。由田駢慎到申不害韓非之徒觀之。則荀揚爲大醇耳。○程子說荀揚等語。是就分金秤上說下來。○

又曰。孔子之道大而能博。門弟子不能徧觀而盡識也。故學焉而皆得其性之所近。其後離散分處上聲諸侯之國。又各以其所能授弟子。源遠而末益分。惟孟軻師子思。而子思之學出於曾子。自孔子没。獨孟軻氏之傳得其宗。故求觀聖人之道者。必自孟子始。程子曰。孔子言參也魯。然顏子没後。終得聖人之道者曾子也。觀其啓手足時之言。可以見矣。所傳者子思孟子。皆其學也。問大是就渾淪處說。博是就該貫處說否。朱子曰。韓子亦未必有此意。但如此看亦自好。問學焉而皆得其性之所近。曰。政事者。就政事上學得。文學者。就文學上學得。德行言語者。就德行言語上學得。○慶源輔氏曰。韓子但言孔門諸子。惟曾子之學獨傳而有子思孟軻。然不言其所以獨傳之故。故程子又從而發明之。以爲曾子只緣資質魯鈍。故用功於內者深篤確實。觀其啓手足之言。所謂一息尚存此志不容少懈者。此聖道之所以終傳。而有子思孟子之學也◯又曰。揚子雲曰。古者楊墨塞先則反路。孟子辭而闢之廓苦郭反如也。夫音扶楊墨行正道廢。孟子雖賢聖不得位。空言無施。雖切何補。然賴其言而今之學者尚知宗孔氏。崇仁義。貴王賤霸而已。其大經大法皆亡滅而不救。壞爛而不收。所謂存十一於千百。安在其能廓如也。然向無孟氏。則皆服左衽而言侏音朱離矣張存中曰。後漢南蠻傳云。衣裳班闌。語言侏離。侏離。蠻夷語言不分朗之聲也故愈嘗推尊孟氏以爲功不在禹下者爲去聲此也新安陳氏曰。自夫楊墨行。至安在其能廓如也。皆是難辭。楊中之抑。只着向無孟氏二句斡轉而斷之。以孟氏功不在禹下盡之矣。孟子闢楊墨功不在禹治洪水下者。洪水溺人之身。異端陷溺人心。心溺之禍。甚於身溺故也

或問於程子曰。孟子還可謂聖人否。程子曰。未敢便道他是聖人。然學已到至處。愚按至字。恐當作聖字。朱子曰。若以孟子比孔子時。說得高。然孟子道性善。言必稱堯舜。又見孟子說得實。○慶源輔氏曰。未敢便道他是聖人。以其行處言。學已到聖處。以其知處言也。孟子論大而化之之謂聖。聖而不可知之之謂神。與夫聖智巧力之譬。精密切當。非想像臆度之所能及。是其學已到聖處也。然其英氣未化。有露圭角處。故未敢便道他是聖人。此其權度審矣○程子又曰。孟子有功於聖門。不可勝平聲言。仲尼只說一箇仁字。孟子開口便說仁義。仲尼只說一箇志。

孟子便說許多養氣出來。只此二字其功甚多◯又曰。孟子有大功於世。以其言性善也◯又曰孟子性善養氣之論。皆前聖所未發者慶源輔氏曰。言性善。使資質美者聞之。必求復其本然而充其善。資質不美者聞之。亦知所自警而不流於惡。言養氣。使氣質剛柔不齊者。勇猛奮發於道義而無巽懦怯弱之弊。皆發夫子所未發。其功多蓋在此。此所以有大功於世也◯又曰。學者全要識時。若不識時。不足以言學。顏子陋巷自樂音洛。以有孔子在焉。若孟子之時。世既無人。安可不以道自任◯又曰。孟子有些英氣。才有英氣。便有圭角。英氣甚害事新安陳氏曰。英氣甚害事。蓋責賢者備之辭如顏子便渾厚不同。顏子去聖人只毫髮間。孟子大賢亞聖之次也。或曰。英氣見形甸反於甚處。

曰。但以孔子之言比之便可見。如字且如冰與水精非不光比之玉自是有溫潤含蓄氣象無許多光耀也覺軒蔡氏曰。聞之程子又曰。仲尼元氣也。顏子春生也。孟子并秋殺盡見。仲尼無所不包。顏子示不違如愚之學於後世。有自然之和氣。不言而化者也。孟子則露其材。蓋亦時然而已。仲尼天地也。顏子和風慶雲。孟子泰山巖巖之氣象也。觀其言皆可見之矣。仲尼無迹。顏子微有迹。孟子其迹著。孔子儘是明快人。顏子儘豈弟。孟子儘雄辨。○慶源輔氏曰。英氣是剛明秀發之氣。此自是好底氣質。若消化未盡。猶有圭角。則有時而發。學要變化氣質。須渾然純是義理。如張子所謂德勝於氣。性命於德。方始是成就處。又曰。言。心聲也。德之符也。有德者必有言。若就言上看得分明。則其德無餘蘊矣。玉有溫潤含蓄氣象。所以爲寶。人有溫潤含蓄氣象。所以爲聖也。其理一也。

楊氏曰。孟子一書。只是要正人心。教人存心養性。收其放心。至論仁義禮智則以惻隱羞惡辭讓是非之心爲之端。論邪說之害則曰生於其心。害於其政。論事君則曰格君心之非。一正君而國定。千變萬化。只說從心上來。人能正心。則事無足爲者矣。大學之脩身齊家治國平天下。其本只是正心誠意而已。心得其正。然後知性之善。故孟子遇人便道性善朱子曰。心得其正。然後知性之善。語若有病。蓋知性之善然後能正其心。心得其正。然後有以眞知性之爲善而不疑耳。慶源輔氏曰。人能正心。則事無足爲者。其語亦失之太快。觀大學正心之後。於脩身齊家治國平天下更有工夫在歐陽永叔名脩廬陵人却言聖人之教人。性非所先。可謂誤矣。人性上不可添一物。堯舜所以爲萬世法。亦是率性而已。所謂率性。循天理是也。外邊用計用數，假饒立得功業，只是人欲之私，與聖賢作處天地懸隔。慶源輔氏曰：此數句判斷二帝三王及漢唐以後爲治之道所以不同，明白詳盡。

孟子集註序說

孟子集註大全卷之一

梁惠王章句上

凡七章

孟子見梁惠王

梁惠王。魏侯罃於耕反也。都大梁。趙氏曰。按魏初都安邑。在漢河東郡安邑縣。至惠王徙大梁。在漢陳留郡浚儀縣。僭稱王。謚曰。惠。史記惠王三十五年。新安倪氏曰。按綱目周顯王三十三年乙酉。爲惠王三十五年。卑禮厚幣以招賢者。而孟軻至梁。問孟子不見諸侯。其見惠王。何也。朱子曰。不見諸侯。不先往見也。見惠王。答其禮也。先王之禮。未仕不得見諸侯。時士鮮自重。而孟子猶守此禮。故所居之國。未仕必君先就見。然後往見。異國君不得越竟。必以禮先焉。然後往答其禮耳。史記得其事之實矣

王曰叟不遠千里而來亦將有以利吾國乎

叟長上聲老之稱王所謂利蓋富國彊兵之類西山真氏曰當時王道不明人心陷溺惟知有利而已故惠王利國之問發於見賢之初

孟子對曰王何必曰利亦有仁義而已矣

仁者心之德愛之理義者心之制事之宜也朱子曰仁言心之德見得可包四者義者心之制只是說義心之德是混淪說愛之理方說到親切處心之制是說義之體程子所謂處物爲義是也事之宜是就千條萬緒各有所宜處說揚雄言義以宜之韓愈言行而宜之之謂義若只以義爲宜則義有在外意思須如程子所言則處物者在心而非外也事之宜雖若在外然所以制其宜則在心也心之制如利斧事來劈將去可底從這一邊去不可底從那一邊去仁兼義言者是言體專言者是兼體用而言仁對義爲體用仁又自有仁之體用義又自有義之體用所謂事之宜方是指那事物當然

之理。未說到處置合宜處也。問人所以爲性者五。獨舉仁義何也。曰。天地所以生物。不過陰陽五行。而五行實一陰陽也。人性雖有五。然曰仁義。則大端已舉矣。以陰陽五行言。則木火皆陽。金水皆陰。而土無不在。以性言。則禮者仁之餘。智者義之歸。而信亦無不在也。又曰。禮者仁之著。智者義之藏。又曰。仁存諸心。性之所以爲體也。義制夫事。性之所以爲用也。然以性言之。則皆體也。以情言之。則皆用也。以陰陽言之。則義體而仁用也。以存心制事言之。則仁體而義用也。錯綜交羅。惟其所當。而各有條理焉。○疊山謝氏曰。夫子罕言仁。不過於隨事發見處言。孟子仁人心一語。直說仁之本體。此朱子於論註先言愛。而孟註先言心。眞得孔孟之要旨。○諸葛氏曰。語之爲仁猶曰行仁。以仁之用言。故集註先言愛之理。孟子此章以仁之體言。故集註先言心之德。雲峯胡氏曰。心之德是體。愛之理是用。心之制是體。事之宜是用。孟子所言仁義。是包體用而言。論語所謂爲仁。是以仁之用言。此二句乃一章之大指。下文乃詳言之。後多放與倣同此王曰何以利吾國大夫曰何以利吾家士庶人曰何以利吾身上下交征利而國危矣萬乘之國弑其君者必千乘之家千乘之國弑其君者必百乘之家萬取千焉千取百焉不爲不多矣苟爲後義而先利不奪不饜乘去聲饜於豔反

此言求利之害以明上文何必曰利之意也征取也上取乎下下取乎上故曰交征國危謂將有弑奪之禍乘車數也萬乘之國者天子畿音祈內地方千里出車萬乘千乘之家者天子之公卿采音菜地方百里出車千乘也千乘之國諸侯之國百乘之家諸侯之大夫也前漢刑法志殷周以兵定天下矣天下既定戢藏干戈教以文德而猶立司馬之官設六軍之衆司馬掌邦政軍旅屬焉萬二

千五百人爲軍。王則六軍也因井田而制軍賦。地方一里爲井。井十爲通。通十爲成。成方十里。成十爲終。終十爲同。同方百里。同十爲封。封十爲畿。畿方千里。有稅有賦。稅以足食。賦以足兵。四井爲邑。四邑爲丘。丘十六井也。有戎馬一疋。牛三頭。四丘爲甸。甸六十四井也。有戎馬四疋。兵車一乘。牛十二頭。甲士三人。在車上者卒七十二人。干戈備具。是謂乘馬之法。一井八家。一甸六十四井。計田五百七十六頃。五百一十二家。出士卒七十五人。則殷周之制。不及七家給一兵也。又兵車一乘。有牛馬共十六。計三十二家。又出一馬或牛也。一同百里。提封萬井。提。舉也。舉四封之內也。除山川沈斥城池邑居園囿術路。三千六百井。沈。斥。水田舄鹵也。沈謂淵深水之下也。斥。鹹鹵之地。術。大道也。定出賦六千四百井。戎馬四百疋。兵車百乘。此卿大夫采地之大者也。采。官也。因官食地。故曰采地。是謂百乘之家。一封三百一十六里。提封十萬井。定出賦六萬四千井。戎馬四千疋。兵車千乘。此諸侯之大者也。是謂千乘之國。天子畿方千里。提封百萬井。定出賦六十四萬井。戎馬四萬疋。兵車萬乘。故稱萬乘之主。戎馬車徒干戈素具。弑下殺上也。饜足也。言臣之於君。

每十分扶問反，下同。而取其一分。新安陳氏曰：以制地定法言。天子萬乘，諸侯取十之一得千乘；諸侯千乘，大夫取十之一得百乘。亦已多矣。若又以義為後而以利為先，則不弒其君而盡奪之，其心未肯以為足也。慶源輔氏曰：集註發明不奪不饜，最說得人心求利之意出。蓋尚義則循理而有制，徇利則橫流而無節，故不弒逆而盡奪之，其心猶有所不足也。○新安陳氏曰：此章始末兼言仁義，中單言義者，蓋仁有溫然慈愛之意，義有截然斷制之意。取其斷制以勝私去利，則義之用為尤切。兼言仁義，該體用之全也；單言義，取功用之切也。下文仁施於親，義施於君，此對君言之，故單言義亦通。

未有仁而遺其親者也，未有義而後其君者也。

此言仁義未嘗不利，以明上文亦有仁義而已之意也。遺，猶棄也。後，不急也。言仁者必愛其親，義者必急其君。

故人君躬行仁義而無求利之心則其下化之自親戴於己也

朱子曰仁者人也其發則專主於愛而愛莫切於愛親故人仁則必不遺其親矣義者宜也其發則事皆得其宜而所宜者莫大於尊君故人義則必不後其君矣○慶源輔氏曰仁義人心之固有人君躬行仁義以感之而無求利之心以誘之則人心之固有者亦皆興起而自然尊君親上有不待外求而勉强爲之也○雲峯胡氏曰人性有五仁義爲先人倫有五君親爲先所以孟子揭此於七篇之首然此二句本文仁義二字指下之人而言集註必自人君躬行上說來者蓋上文先言王而後言大夫士庶惟上之人求利而後下皆求利故集註於此揭人君躬行仁義而無求利之心故其下化之而自有仁義之利也○新安倪氏曰孟子謂何必曰利亦有仁義而已矣是以利對仁義而分言之集註於此節云仁義未嘗不利是以仁義合利而貫言之若與孟子上文有不同者何哉蓋有仁義中之利有仁義外之利外仁義以求利孟子之所戒此章之大旨也行仁義而得利集註之所發明亦孟子此節之本意也不遺其親即是親親之仁不後其君即是尊君

之義。豈非仁義中自然之利乎

王亦曰仁義而已矣。何必曰利

重平聲言之。以結上文兩節之意。○此章言仁義根於人心之固有，天理之公也。利心生於物我之相形，人欲之私也。慶源輔氏曰。利心人本無之。只緣有己有物。彼此相形。便生出較短量長。爭多競少之意。遂欲己長人短。人少己多。偏詖反側。惟己是徇。故曰人欲之私也。循天理，則不求利而自無不利；徇人欲，則求利未得而害已隨之。慶源輔氏曰。循天理者無所爲而爲。故不求利。然成己成物各得其宜。故自無不利。徇人欲者有所爲而爲。故雖求利而未必得。然妨人害物。招尤取禍。故害常隨之。所謂毫釐之差，千里之繆。靡幼反此孟子之書所以造端託始之深意，學者所宜精察而明辨也。覺軒蔡氏曰。學者細玩而已矣。與何必之辯。見孟子語意嚴厲。斬釘截鐵。斷斷然只說仁義。更不向利上去。若董子正其誼不謀其利。明其道不計其功。意亦得其傳者歟。○雲峯胡氏曰。予朱子深有取於三山黃登之言曰。天下一切人。都把害對利。事事上只見得利害。不問義理。須知利字乃對義字。明得義利。便自無乖爭之事。集註所謂循天理則不求利而自無不利。是以利字與義字對。而利不出乎義之外。徇人欲則求利未得而害已隨之。是以利字與害字對。而害已藏於利之中。○太史公曰。新安陳氏曰。司馬談爲太史令。子遷尊其父。故謂之公。遷繼其職。仍稱太史公。西漢龍門人余讀孟子書至梁惠王問何以利吾國。未嘗不廢書而嘆也。曰。嗟乎。利誠亂之始也。夫子罕言利。常防其源也。故曰。放上聲於利而行多怨。自天子以至於庶人。好去聲利之弊。何以異哉。問太史公之嘆。其果知孟子之學耶。朱子曰。未必知也。以其言之偶得其要。是以謹而著之耳。程子曰。君子未嘗不欲利。但專以利爲心則有害。惟仁義則不求利而未嘗不利也。慶源輔氏曰。利者民生所不可無者也。故乾之四德曰利。書之三事曰利。此所謂君子未嘗不欲利。但專欲求利則不顧義理。專欲利已而必害於人。惟能循仁義而行。則體順有常而自無不利。當是之時。天下之人惟利是求而不復扶又反知有仁義。故孟子言仁義而不言利。所以拔本塞先則反源而救其弊。此聖賢之心也龜山楊氏曰。君子以義爲利。不以利爲利。使其民不後其君親。則國治矣。利孰大焉。故曰亦有仁義而已。何必曰利。○朱子曰。凡事不可先有箇利心。才說着利。必害於義。聖人做處。只向義邊做。然義未嘗不利。但不可先說道利。不可先有求利之心。蓋緣本來道理只有一箇仁義。更無別物事。義是事事要合宜。以利心爲仁義。即非仁義之正。不待有不利。然後仁義阻也。○雲峯胡氏曰。孟子之得於子思者曰仁義所以利之也。及告梁王。則言仁義而不言利。蓋子思所言者。利物之利。梁王所問者。利已之利也。程子以爲拔本塞源者，所以救當時流弊之極。朱子以爲造端託始者，所以謹夫學者心術之初。新安陳氏曰：孟子一書，以遏人欲、存天理爲主。何必曰利，遏人欲也。亦有仁義，存天理也。自此以後，鮮有不可以此六字該貫章旨者。東陽許氏曰：君子利己之心不可有，利物之心不可無。孟子不言利，是專攻人利己之心。絶利己之心，然後可行利物之事。然利物乃所以利己也，至於不遺親、後君，則己亦無不利矣。但不可假仁義以求利耳。

○孟子見梁惠王，王立於沼上，顧鴻鴈麋鹿，曰：「賢者亦樂此乎？」樂，音洛，篇内同。

沼，池也。鴻，鴈之大者。麋，鹿之大者。

孟子對曰：「賢者而後樂此，不賢者雖有此，不樂也。

此一章之大指。新安陳氏曰：揭大指於前，而分開照應於後，此孟子諸章例也。首章及此章皆如此。此後當以此法觀之，不一一提掇。○南軒張氏曰：孟子若答云賢者何樂乎此，則非惟告人之道不當爾而於理亦有未完也。今云然。則辭氣不迫而理完矣。又曰。王所謂樂。人欲之私。以自逸爲樂也。孟子所謂賢者樂此。天理之公。與民同樂者也。雙峯饒氏曰。王意謂賢者未必樂此。自家有慚。孟子說惟是賢者樂此。出王之意外

詩云。經始靈臺。經之營之。庶民攻之。不日成之。經始勿亟。庶民子來。王在靈囿。麀鹿攸伏。麀鹿濯濯。白鳥鶴鶴。王在靈沼。於牣魚躍。文王以民力爲臺爲沼。而民歡樂之。謂其臺曰靈臺。謂其沼曰靈沼。樂其有麋鹿魚鼈。古之人與民偕樂。故能樂也。亟音棘麀音憂鶴詩作翯戶角反於音烏牣音刃

此引詩而釋之。以明賢者而後樂此之意。詩大雅靈臺之篇。經。量度也。度待洛反靈臺。文王臺名也。詩傳。國之有臺。所以望氛祲。察

災祥。時觀游。節勞佚也。謂之靈者，言其倏然而成。如神靈所爲也。營謀爲也。攻治也。不日不終日也。亟速也。言文王戒以勿亟也。子來如子來趨父事也。靈囿靈沼。臺下有囿。囿所以域養禽獸。囿中有沼也。麀牝婢忍反鹿也。伏安其所不驚動也。濯濯肥澤貌。鶴鶴潔白貌。於歎美辭。牣滿也。孟子言文王雖用民力。而民反歡樂之。既加以美名。而又樂其所有。蓋由文王能愛其民。故民樂其樂。而文王亦得以享其樂也。雙峯饒氏曰。自樂便不是仁。同樂便是仁。如文王未嘗無靈臺靈沼。然與民同樂。便是天理。文王畢竟自朝至于日中昃不遑暇食。用咸和萬民。人必得所。然後有此樂。此所謂後天下之樂而樂

湯誓曰。時日害喪。予及女偕亡。民欲與之偕亡。雖有臺池

鳥獸。豈能獨樂哉害音曷喪去聲女音汝

此引書而釋之。以明不賢者雖有此不樂之意也。湯誓商書篇名。時是也。日。指夏桀。害。何也。桀嘗自言吾有天下。如天之有日。日亡吾乃亡耳。趙氏曰。所引桀語出尚書大傳。民怨其虐。故因其自言而目之曰。此日何時亡乎。若亡。則我寧與之俱亡。蓋欲其亡之甚也。孟子引此以明君獨樂而不恤其民。則民怨之而不能保其樂也龜山楊氏曰。齊王顧鴻鴈麋鹿以問孟子。孟子因以謂賢者而後樂此。至其論文王夏桀之所以異。則獨樂不可也。世之君子。其賢者乎。則必語王以憂民。而勿為臺沼苑囿之觀。是拂其欲也。其佞者乎。則必語王以自樂。而廣其侈心。是縱其欲也。二者皆非能引君以當道。唯孟子之言。當於毫髮之間。剖析利害之所在。使人君化焉而不自知。夫如是。其在朝則可以格君心之非。而其君易行矣。○南軒張氏曰。民一也。得其心則予來而樂君之樂。失其心則害喪而亡君之亡。究其本則由夫順理與徇欲之分而已。人君常懷不敢自樂之心。則足以遏人欲矣。常懷與民偕樂之心。則足以擴天理矣。○雙峯饒氏曰。孟子之書。句句是事實。說仁義便說未有仁而遺其親。未有義而後其君爲仁義事實。說賢者樂此。不賢者雖有此不樂。便說文王靈臺靈沼。湯誓時日曷喪。爲同樂獨樂事實。○新安陳氏曰。南軒遏人欲擴天理六字可斷盡孟子七篇。謹提出以示學者。夫同一臺池苑囿鳥獸魚鼈耳。賢者循天理之公。愛民而與之同樂。則民樂君之樂。而君得享其樂。不賢者徇人欲之私。不恤民而自樂。則民欲君之亡。君安得有此樂。天理人欲。同行異情。詳見後章

○梁惠王曰。寡人之於國也。盡心焉耳矣。河內凶。則移其民於河東。移其粟於河內。河東凶亦然。察鄰國之政。無如寡人之用心者。鄰國之民不加少。寡人之民不加多。何也

寡人。諸侯自稱。言寡德之人也。河內。河東。皆魏地。凶。歲不熟也。移民以就食。移粟以給其老穉之不能移者。移粟。民自移其粟耳

孟子對曰。王好戰。請以戰喻。塡然鼓之。兵刃既接。棄甲曳兵而走。或百步而後止。或五十步而後止。以五十步笑百步。則何如。曰。不可。直不百步耳。是亦走也。曰。王如知此。則無望民之多於鄰國也。好去聲塡音田

塡。鼓音也。兵以鼓進。以金退。直。猶但也。如詩匪直也人之直言此以譬鄰國不恤其民。惠王能行小惠。然皆不能行王道以養其民。不可以此而笑彼也。楊氏曰。移民。移粟。荒政

之所不廢也。然不能行先王之道。而徒以是爲盡心焉。則末矣。慶源輔氏曰。周禮司徒。以荒政十有二聚萬民。雖無所謂移粟之事。然大荒大札。則令邦國移民以辟災就賤。

不違農時。穀不可勝食也。數罟不入洿池。魚鼈不可勝食也。斧斤以時入山林。材木不可勝用也。穀與魚鼈不可勝食。材木不可勝用。是使民養生喪死無憾也。養生喪死無憾。王道之始也。勝音升。數音促。罟音古。洿音烏。

農時。謂春耕夏耘秋收之時。凡有興作。不違此時。至冬乃役之也。不可勝食。言多也。數。密也。罟。網也。洿。窊烏瓜反下之地。水所聚也。古者網罟必用四寸之目。魚不滿尺。

市不得粥。余六反人不得食。山林川澤。與民共之。而有厲禁。周禮地官司徒。山虞掌山林之政令。物爲之厲而爲之守禁。仲冬斬陽木。仲夏斬陰木或謂陽木生山南者。陰木生山北者。凡服耜斬季材。以時入之。服。牝服。車之材也。季猶稺也。服與耜宜用稺材。尚柔韌也。令萬民時斬材。有期日。○澤虞掌國澤之政令。爲之厲禁。使其地之人守其材物。以時入之于王府。頒其餘于萬民。○雲峯胡氏曰。文王治岐。澤梁無禁。此所謂山林川澤與民共之。即是澤梁無禁。無禁者。王者愛民之仁也。雖無禁而有厲禁。又王者愛物之仁也。周禮山虞掌山林之政令物爲之厲而爲之守禁。註。物爲之厲。每物有藩界也。爲之守禁。爲守者設禁令也。守者。謂其地之民占伐林木者也。鄭司農云。厲遮列守之也。以是觀之。澤梁無禁者。不禁民之取。而有厲禁者。禁民之不以時取也。草木零落。然後斧斤入焉。禮記王制。獺祭魚。然後漁人入澤梁。豺祭獸。然後田獵。鳩化爲鷹。然後設罻羅。草木零落。然後入山林此皆爲治去聲之初。法制未備。且因天地自然之利。而撙祖本反節愛養之事也。然飲食宮室。所以養生。祭祀棺槨。所以送死。皆民所急而不可無者。今皆有以資之。則人無所恨矣。王道以得民心爲本。故以此爲王道之始。慶源輔氏曰。養生送死。乃人世之始終。於是二者皆有以濟之。則人世之始終一無所憾。而民心得矣。此其所以爲王道之始也。新安陳氏曰。法制未備。謂聖人未行井田法以前。天地自然之利。謂穀魚材木之類。撙節愛養。謂不違農時。不用數罟斧斤時入之類。王道之始。謂王制未備。王道未成。不過初焉事。下一節集註云是王道之成也。正與此王道之始相對

五畝之宅。樹之以桑。五十者可以衣帛矣。雞豚狗彘之畜。無失其時。七十者可以食肉矣。百畝之田。勿奪其時。數口之家可以無飢矣。謹庠序之教。申之以孝悌之義。頒白者

不負戴於道路矣七十者衣帛食肉黎民不飢不寒然而不王者未之有也衣去聲畜許六反數去聲凡有天下者人稱之曰王則平聲據其身臨天下而言曰王則去聲後皆倣此

五畝之宅一夫所受二畝半在田二畝半在邑田中不得有木恐妨五穀故於墻下植桑以供蠶事趙氏曰古者一夫一婦受私田百畝公田十畝八家是爲八百八十畝餘公田二十畝八家分之得二畝半以爲廬舍城邑之居亦各得二畝半春令民畢出在野冬則畢入於邑在野曰廬在邑曰里廬各在其田中而里聚居也五十始衰非帛不煖未五十者不得衣也畜養也時謂孕字之時如孟春犧牲毋用牝之類也禮記月令孟春之月命樂正入學習舞乃脩祭典命祀山林川澤犧牲毋用牝禁止伐木毋覆巢毋殺孩蟲胎夭飛鳥夭烏老反胎懷孕者夭始生者

七十非肉不飽。未七十者不得食也。問既曰魚鼈不可勝食矣。又言老者始可食肉何也。朱子曰。魚鼈自生之物。養其小而食其大。老幼之所同也。至於芻豢之畜。人力所爲。則非七十之老不得以食之矣。○南軒張氏曰。衣帛食肉。必曰五十七十者。民之欲無窮。而彘鼈畜養之利有限。不爲之制。則爭逐其欲。而老者或不得衣之食之矣。又使知老者之當養。其老幼之有別。教亦行乎其中矣。日用飲食無非教也。不待庠序而後教也。百畝之田。亦一夫所受。至此則經界正。井地均。無不受田之家矣。○趙氏曰。古以百步爲畝。今以二百四十步爲畝。古百畝。當今之四十一畝也。經界。謂治地分田。經畫其溝塗封植之界也。庠序皆學名也。申。重直用反也。丁寧反覆之意。善事父母爲孝。善事兄長上聲下同爲悌。頒與班同。老人頭半白黑者也。負。任在背。戴。任在首。夫音扶民衣食不足。則不暇治禮義。而飽煖無教。則又近於禽獸。故既富而教以孝悌。則人知愛親敬長而代其勞。不使之負戴於道路矣。衣帛食肉但言七十。不言五十。舉重以見形向反輕也。黎。黑也。黎民。黑髮之人。猶秦言黔其廉反首也。史記秦紀。始皇三十四年。丞相李斯上書。有曰惑亂黔首。黔首。黑頭也。少去聲壯之人雖不得衣帛食肉。然亦不至於飢寒也。此言盡法制品節之詳。雙峯饒氏曰。五畝宅。百畝田。是法制。五十衣帛。七十食肉。是品節。有法制無品節。則泛而不足用。有品節無法制則於何處取用。極財成輔相去聲之道。以左右民。易泰卦象曰。天地交泰。后以裁成天地之道。輔相天地之宜。以左右民。○左右並去聲。如左右手之右。本音有是王道之成也。慶源輔氏曰。註云盡法制品節之詳。極財成輔相之道。則民情之變故已備見。聖人之制作已大成。以左右民。則不惟制民之產。使之有以養其生。而又為之學校之教。使之得以全其性。如帝堯所謂正之直之輔之翼之使自得之是爲王道之大成也。新安陳氏曰：極財成輔相，總言田桑畜養之事。以左右民，就富教斯民說，乃王道之終事，應上文王道之始也一句。

狗彘食人食而不知檢，塗有餓莩而不知發。人死，則曰：非我也，歲也。是何異於刺人而殺之，曰：非我也，兵也。王無罪歲，斯天下之民至焉。莩，平表反。刺，七亦反。

檢，制也。莩，餓死人也。發，發倉廩以賑音震。通作振。起也。救也。貸他代反也。歲，謂歲之豐凶也。惠王不能制民之產，又使狗彘得以食人之食，則與先王制度品節之意異矣。至於民飢而死，猶不知發，則其所移特民間之粟而已。乃以民不加多歸罪於歲凶，是知刃之殺人，而不知操七刀反刃

者之殺人也不罪歲則必能自反而益脩其政即上文所言王

道天下之民至焉則不但多於鄰國而已○程子曰孟

子之論王道不過如此可謂實矣新安陳氏曰王道不出農桑教養等實事

豈求之高遠難行者哉 又曰孔子之時周室雖微天下猶知尊周

之爲義故春秋以尊周爲本至孟子時七國爭雄天下

不復扶又反知有周而生民之塗炭已極當是時諸侯能

行王道則可以王去聲矣此孟子所以勸齊梁之君也蓋

王者天下之義主也聖賢亦何心哉視天命之改與未

改耳朱子曰孔子尊周孟子不尊周如冬裘夏葛飢食

渴飲時措之宜異爾此齊桓不得不尊周亦迫於

大義不得不然夫子筆之於經明君臣之義於萬世非

專爲美桓公也孔孟易地則皆然得時措之宜則並行

而不相悖矣。雲峯胡氏曰。不有孔子之論。則在下者不知有尊王之義。而民可以無君矣。不有孟子之論。則在上者不知天命之改。不改在民心之向背。而君可以無民矣。新安陳氏曰。天命之改未改。驗之人心而已。人心猶知尊周。可驗天命未改。則當守天下之經。文王孔子之事是也。人心不知有周。可驗天命已改。不得不達天下之權。武王孟子之事是也。司馬温公李泰伯尚不達此而非孟子。固哉。讀者不可不勘破此義

○梁惠王曰。寡人願安承教

承上章言願安意以受教

孟子對曰。殺人以梃與刃。有以異乎。曰。無以異也梃徒頂反

梃。杖也

以刃與政。有以異乎。曰。無以異也

孟子又問而王答也新安陳氏曰。政。謂虐政。梃刃政殺人。承上章歲兵之意而敷演之

曰庖有肥肉廐有肥馬民有飢色野有餓莩此率獸而食人也

厚斂力驗反於人以養禽獸而使民飢以死則無異於驅獸以食人矣新安陳氏曰此因前章狗彘食人食塗有餓莩之意而究言之即以虐政殺人也

獸相食且人惡之爲民父母行政不免於率獸而食人惡在其爲民父母也惡之之惡去聲惡在之惡平聲

君者民之父母也惡在猶言何在也

仲尼曰始作俑者其無後乎爲其象人而用之也如之何其使斯民飢而死也俑音勇爲去聲

俑從去聲下同葬木偶人也古之葬者束草爲人以爲從衛

謂之芻靈。略似人形而已。中古易之以俑，則有面目機發而太似人矣。趙氏曰：木人設機而能踊跳，故名曰俑。故孔子惡去聲，下同其不仁，而言其必無後也。新安陳氏曰：作俑者，殺人殉葬之漸。孔子惡之者以此。○禮記檀弓下：孔子謂為明器者，知喪道矣，備物而不可用也。哀哉！死者而用生者之器也，不殆於用殉乎哉！其曰明器，神明之也。塗車芻靈，自古有之，明器之道也。孔子謂為芻靈者善，謂為俑者不仁，不殆於用人乎哉！孟子言此作俑者，但用象人以葬，孔子猶惡之，況實使民飢而死乎。○李氏曰：為人君者，固未嘗有率獸食人之心。然徇一己之欲，而不恤其民，則其流必至於此。故以為民父母告之。夫音扶父母之於子，為去聲之就利避害，未嘗頃刻而忘于懷，何至視之不如犬馬乎？疊山謝氏曰：此章以人對獸。極言人君不行仁政。視人猶獸也。天地間難得者人。象人而用之猶不免於無後。豈可率獸食人。不行王路一至於此乎。新安陳氏曰。爲人君者有作民父母之責。固未嘗有率獸食人之心。惟徇欲而不恤民。則其流至此而不自覺。故以率獸食人蔵其昏迷之錮習。而以爲民父母觸其惻隱之本心。孟子之言深切著明如此。而王不悟。亦末如之何也已。右二章戒梁王厲民自養率獸食人。遏人欲也。勉其行王道以爲民父母爲心。擴天理也

○梁惠王曰。晉國天下莫強焉。叟之所知也。及寡人之身。東敗於齊。長子死焉。西喪地於秦七百里。南辱於楚。寡人恥之。願比死者一洒之。如之何則可。長上聲喪去聲比必二反洒與洗同

魏本晉大夫魏斯與韓氏趙氏共分晉地號曰三晉故惠王猶自謂晉國。惠王。斯之孫也。惠王三十年齊擊魏。破其軍

虜太子申。史記魏世家。惠王三十年。魏伐趙。趙告急齊。齊宣王用孫子計。救趙擊魏。魏遂大興師。使龐涓將。而令太子申爲上將軍。與齊人戰。敗於馬陵。齊虜魏太子申。殺將軍涓。軍遂大破。十七年。秦取魏少去聲梁。史記魏世家。惠王十七年。魏與秦戰元里。秦取我少梁。元里。少梁。皆魏地邑名。後魏又數音朔獻地於秦。史記商君傳。秦孝公使衛鞅將兵伐魏。魏使公子卬將而擊之。軍既相距。衛鞅遺魏將公子卬書。曰。吾始與公子驩。今俱爲兩國將。不忍相攻。可與公子面相見盟。樂飲而罷兵。以安秦魏。魏公子卬以爲然。會盟已飲。而衛鞅伏甲士襲虜魏公子卬。因攻其軍。盡破之以歸秦。魏惠王恐。使使割河西之地獻於秦以和。而魏遂去安邑。徙都大梁。又與楚將去聲昭陽戰敗亡其七邑。史記楚世家。懷王六年。楚使柱國昭陽將兵而攻魏。破之於襄陵。得邑八。○張存中曰。按史記魏襄王十三年。楚敗我襄陵。不言邑數。楚懷王六年得邑八。與集註七邑不合。未知孰是。比猶爲去聲也。言欲爲死者雪其恥也。慶源輔氏曰。惠王之志。疑若剛勇而有爲者。然細考之史。則其敗於三國。皆非義舉也。徒以爭城爭地、不失之貪。則失之繆。事旣如此。猶不知所以自反。乃於見賢之際。歷叙其喪敗。而欲爲死者一洗之。此正如匹夫賤人。勢出無聊。不勝其忿。而求一快者所爲耳。豈有君人之度而知所謂大勇之理哉

孟子對曰。地方百里而可以王

百里。小國也。然能行仁政。則天下之民歸之矣

王如施仁政於民。省刑罰。薄稅斂。深耕易耨。壯者以暇日修其孝悌忠信。入以事其父兄。出以事其長上。可使制挺以撻秦楚之堅甲利兵矣省，所梗反。斂、易，皆去聲。耨，奴豆反。長，上聲

省刑罰。薄稅斂。此二者仁政之大目也。新安陳氏曰。省刑則不伐民生。薄賦則民得養生。所以爲仁政之大目易。治也。耨。耘也。盡己之謂忠。以實

之謂信。君行仁政。則民得盡力於農畝。而又有暇日以

修禮義。是以尊君親上而樂音洛下同於效死也。朱子曰。魏地迫近於秦。無時不受兵。割地求成無虚日。孟子之言。似若容易。蓋當時之人。焦熬已甚。率歡欣鼓舞之民而征之。自是見效速。後來公子無忌率五國師。直擣。至函谷關可見。○慶源輔氏曰。仁政在於養民而已。省刑罰。則民不至無所措其手足。而得以安其生。薄稅斂。則民不至有所闕於衣食。而得以保其生。故孟子言仁政。首及此二者。下面數句。則又其效驗也。深耕易耨。則薄稅斂之所致也。重稅厚斂。則民不聊生。民不聊生。則其於農事亦苟且鹵莽而已。壯者以暇日修其孝悌忠信。入以事父兄。出以事長上。則省刑罰之所致也。嚴刑峻罰。則民不樂生。民不樂生。則其於人道亦何暇修爲之哉。

彼奪其民時。使不得耕耨以養其父母。父母凍餓。兄弟妻子離散。養去聲

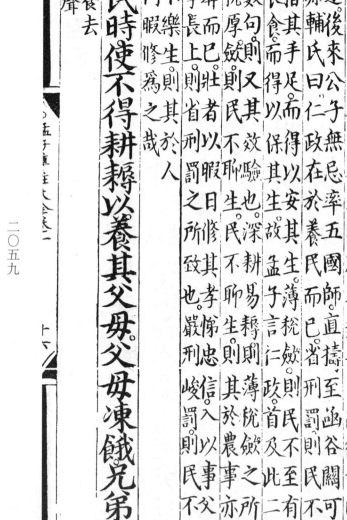

彼謂敵國也

彼陷溺其民。王往而征之。夫誰與王敵。夫音扶

陷，陷於阱。通作穽疾郢才性二反穿地陷獸也。溺，溺於水。暴虐之意。征，正也。以彼暴虐其民。而率吾尊君親上之民往正其罪。彼民方怨其上而樂歸於我。則誰與我為敵哉

故曰仁者無敵。王請勿疑

仁者無敵蓋古語也。以故曰二字知之百里可王。以此而已。恐王疑其迂闊。故勉使勿疑也。○孔氏曰。孔氏名文仲。字經父。臨江人惠王之志在於報怨。孟子之論在於救民。所謂唯天吏則可以伐之。蓋孟子之本意。南軒張氏曰。惠王憤其軍師之敗。欲一洒之。是乃不

勝其忿欲之私耳。孟子所以告之者，乃爲國之常道，其所施爲皆有實事。夫王政之所以不行者，以時君謀利之計、功之念深，每每致疑而莫肯力行故也。使其以先王之治爲必可法，以聖賢之言爲必可信，而力行之，則孰禦焉。○慶源輔氏曰：註引孔氏之言，蓋怨有當報者，有不當報者。若惠王之事，則所謂不當報者也。不當報者而報，則是忿懥者之所爲耳。忿懥者之所爲，則其心熏灼，焚燒愈撲愈熾，不至於大敗極壞而不已。若所謂志於救民，則至誠惻怛，但成己以成物。一日有一日之功，其曰唯天吏則可以伐之，其所以自治者嚴矣。○勿軒熊氏曰：當時七雄皆大國也。孟子獨惓惓於齊梁者，欲得志行乎中國也。若秦楚則蠻夷戎狄之裔，七篇之書深鄙外之。蓋其得志，必非天下生民之福。自周之衰，天下大勢不入於楚，必入於秦。聖賢已逆知其所趨矣。當時孟子止言深耕易耨、孝悌忠信，則可以制梃而撻秦楚，自一等富强而言，豈不大迂闊而不切於事情，然後來秦亡，不過起於揭竿斬木之匹夫，堅甲利兵果可恃乎。孟子之言不我誣也。○新安陳氏曰：逞忿報怨，私欲也。行仁救民，公理也。行仁則自無敵，不得已而用兵，亦正之之征也。不行仁而惟報私怨，忿爭而已矣，豈惟怨不可

報敗亡常必由之此章亦所以遏人欲擴天理也

○孟子見梁襄王

襄王惠王子。名赫新安倪氏曰按通鑑慎靚王二年壬寅惠王卒孟子去魏適齊是一見襄王後即去也

出語人曰望之不似人君就之而不見所畏焉卒然問曰天下惡乎定吾對曰定于一語去聲卒七没反惡平聲

語告也不似人君不見所畏言其無威儀也新安倪氏曰左氏傳云有威而可畏謂之威有儀而可象謂之儀不似人君無可象之儀也不見所畏無可畏之威也卒然急遽之貌蓋容貌辭氣乃德之符新安陳氏曰德存於中容貌辭氣乃德之符驗可見於外者其外如此則其中之所存者可知王問列國

分爭天下當何所定孟子對以必合于一然後定也問孟

子以梁襄王不似人君不見所畏而譏之然則必以勢位自高而厲威嚴以待物邪朱子曰不然也夫有諸中者必形諸外有人君之德則必有人君之容有人君之容則不必作威而自有可畏之威矣曰言之急遽亦何譏邪曰艮之六五以中正而言有序而呂氏亦曰志定者其言重以舒不定者其言輕以疾然則言貌固皆內德之符不惟可以觀人學者雖以自省可也曰孔子居是邦不非其大夫而孟子誦言其君之失如此何邪曰聖賢之分固不同矣且孔子仕於諸侯而孟子爲之賓師其地有不同也抑七篇之中無復與襄王言者豈孟子自是而不復久於梁邪

孰能一之

王問也

對曰不嗜殺人者能一之

嗜時利反甘也覺軒蔡氏曰好生不嗜殺天地生物之心也必得天地此心然後可爲天之子爲民之父母此言萬世人牧之龜鑑也

孰能與之

王復扶又反問也與猶歸也

對曰天下莫不與也王知夫苗乎七八月之間旱則苗槁矣天油然作雲沛然下雨則苗浡然興之矣其如是孰能禦之今夫天下之人牧未有不嗜殺人者也如有不嗜殺人者則天下之民皆引領而望之矣誠如是也民歸之由水之就下沛然誰能禦之

夫音扶浡音勃由當作猶古字借用後多倣此

周七八月夏五六月也孟子內並以周月言與春秋左傳同油然雲盛貌

沛然，雨盛貌。浡然，興起貌。御，禁止也。人牧，謂牧民之君也。領，頸也。蓋好去聲，下同生惡去聲死，人心所同。故人君不嗜殺人，則天下悅而歸之。○蘇氏曰：孟子之言，非苟爲大而已。然不深原其意而詳究其實，未有不以爲迂者矣。予觀孟子以來，自漢高祖及光武及唐太宗及我太祖皇帝能一天下者四君，皆以不嗜殺人致之。其餘殺人愈多而天下愈亂。秦晉及隋，力能合之，而好殺不已，故或合而復扶又反分。晉武合之。劉石亂而分王江東。或遂以亡國。秦隋。孟子之言，豈偶然而已哉。慶源輔氏曰：不嗜殺之對，以見理勢之當然，非有爲而爲之者也。蓋人君之心誠能不嗜殺人，則舉天下皆在吾仁愛之中，又孰有渙散乖戾而不一歸於我哉。固非以不嗜殺人

爲一天下之具也。○新安陳氏曰。嗜殺。人欲之殘虐也。不嗜殺。天理之惻隱也。此亦遏人欲存天理也

○齊宣王問曰。齊桓晉文之事可得聞乎

齊宣王。姓田氏。名辟音璧彊。渠良反○趙氏曰。田氏本陳公子完之後。初以陳爲氏。後改姓田氏。至田和始簒齊而有之。辟彊和之曾孫。是爲宣王諸侯僭稱王也。齊桓公名小白晉文公。名重耳皆霸諸侯者

孟子對曰。仲尼之徒無道桓文之事者。是以後世無傳焉。臣未之聞也。無以則王乎

道言也。董子曰。仲尼之門。五尺童子羞稱五伯。霸同爲去聲其先詐力而後仁義也。亦此意也。○新安倪氏曰。董子名仲舒。西漢廣川人。此語見漢書本傳。對江都易王問粵有三仁。而曰仁人者正其誼不謀其利。明其道不計其功。是以仲尼之門。五

尺童子羞稱五伯。爲其先詐力而後仁義也。○西山眞氏曰。孟子後能深闢五伯者，惟仲舒爲然。

以巳通用。無巳，必欲言之而不止也。王，去聲。謂王天下之道。

程子曰。得天下之正，極人倫之至者，堯舜之道也。用其私心，依仁義之偏者，霸者之事也。王道如砥，本乎人情，出乎禮義，若履大路而行，無復回曲。霸者崎嶇反側於曲徑之中，而卒不可與入堯舜之道。故誠心而王則王矣，假之而霸則霸矣。二者其道不同，在審其初而已。樂。○龜山楊氏曰。齊宣王見孟子於雪宮，曰。賢者亦有此樂乎。而孟子答以晏子之言，則霸者之事非無傳也。孟子務引其君以當道，則桓文之事特詭遇而已。大匠不爲拙工改廢繩墨，故曰無巳則王乎。○范氏曰。按論語孔子曰。桓公九合諸侯，不以兵車，管仲之力也。微管仲，吾其被髮左衽矣。孔子美齊桓管仲之功如此。孟子言仲尼之門無道桓文之事者，聖人於人苟有一善，無所不取。齊桓管仲有功於天下，故孔子稱之。若其道則聖人之不取也。○朱子曰。無道桓文之事，事者營霸之事，儒者所未嘗講求。如桓公霸諸侯，一匡天下，則誰不知。至於經營霸業之事，儒者未嘗言也。

曰德何如則可以王矣曰保民而王莫之能禦也

保愛護也慶源輔氏曰保如保赤子之保○新安陳氏曰王道甚大其要只在保民保民而王一句爲此章之綱領

曰若寡人者可以保民乎哉曰可曰何由知吾可也曰臣聞之胡齕曰王坐於堂上有牽牛而過堂下者王見之曰牛何之對曰將以釁鍾王曰舍之吾不忍其觳觫若無罪而就死地對曰然則廢釁鍾與曰何可廢也以羊易之不識有諸齕音核釁許刃反舍上聲觳音斛觫音速與平聲

胡齕下沒反集註音核字有二音宜審齊臣也釁鍾新鑄鍾成而殺牲取血以塗其釁郄乞逆反也觳觫恐懼貌孟子述所聞胡

齕之語而問王不知果有此事否

曰有之曰是心足以王矣百姓皆以王爲愛也臣固知王之不忍也

王見牛之觳觫而不忍殺即所謂惻隱之心仁之端也擴而充之則可以保四海矣故孟子指而言之欲王察識於此而擴充之也愛猶吝也雲峯胡氏曰孟子一書言心學甚詳此是第一箇心字是心何心也人之本心也即此本心而推之所謂先王有不忍人之心斯有不忍人之政者也須看集註察識擴充四字察識屬知擴充屬行○新安陳氏曰是心足以王矣一句最緊切觀王有此愛物之心即可知王有仁民之心而可以保民矣所以指言王之此心即是足以王天下之本眞氏云王道不外乎保民而保民又不外乎此心是也

王曰然誠有百姓者齊國雖褊小吾何愛一牛即不忍其觳觫若無罪而就死地故以羊易之也

言以羊易牛其迹似吝實有如百姓所譏者然我之心不如是也雙峯饒氏曰論語小不忍朱子兼婦人之仁匹夫之勇説婦人不能忍其愛匹夫不能忍其忿這箇又是要忍得了○雲峯胡氏曰饒氏發明兩不忍字甚好孟子所謂不忍者如齊宣王見牛之觳觫將死一念之發非有所勉强自然而然者也君子謂之仁論語所謂小不忍者如婦人匹夫一念之發不能有所禁止而一聽其自然者也君子不謂之義○新安倪氏曰論語之小不忍云者不忍之念發於私小常人之所不能禁止者也孟子之不忍云者不忍之念出乎正大君子之所當擴充者也

曰王無異於百姓之以王爲愛也以小易大彼惡知之王若隱其無罪而就死地則牛羊何擇焉王笑曰是誠何心

哉。我非愛其財而易之以羊也。宜乎百姓之謂我愛也。惡平聲

異怪也。隱痛也。擇猶分也。言牛羊皆無罪而死何所分別。彼列反而以羊易牛乎。孟子故設此難。去聲欲王反求而得其本心。王不能然。故卒無以自解於百姓之言也。慶源輔氏曰。宣王既無講學之功。不知反求之理。而徒自辯解於百姓之言。故孟子又設此以問難之。蓋欲王反求而得其本心。不忍之實。而王猶不能然也。○東陽許氏曰。上言臣固知王之不忍。下言彼惡知之。蓋宣王見牛不忍之心雖發。而不自知其爲仁之端。故以知與惡知相對説。以爲常人雖爲利欲所昏。而本然之善終未嘗泯。但時或發。每不自覺而不能充之爾。故孟子以爲惟君子爲能知之。衆人不能知也。是啓王之心。使凡遇善心發時。便須識得。即就此推充。自小以及大。自近以及遠。即其一端推之至其極。則仁不可勝用矣

曰無傷也是乃仁術也見牛未見羊也君子之於禽獸也見其生不忍見其死聞其聲不忍食其肉是以君子遠庖廚也遠去聲

無傷言雖有百姓之言不爲害也術謂法之巧者蓋殺牛既所不忍釁鍾又不可廢於此無以處上聲之則此心雖發而終不得施矣然見牛則此心已發而不可遏未見羊則其理未形而無所妨朱子曰見牛未見羊也未字有意味蓋言其體則無限量言其用則無終窮充擴得去有甚盡時故以羊易牛則二者得以兩全而無害此所以爲仁之術也朱子曰齊王見牛觳觫而不忍之心萌故以羊易之孟子所謂無傷蓋乃護得齊王仁心發見處術猶方便也○術字本非不好底字只緣後來把做變詐看了便

道是不好。卻不知天下事有難處。須看有箇巧底道理始得。當齊王見牛之時。惻隱之心已發乎中。又見釁鍾事大。似住不得。只得以所不見者而易之。既周旋得那事。又不抑遏了這不忍之心。此心乃得流行。若當時無箇措置。便抑遏了這不忍之心。遂不得而流行矣。此乃所謂術也。聲謂將死而哀鳴也。

蓋人之於禽獸。同生而異類。故用之以禮。而不忍之心施於見聞之所及。其所以必遠庖廚者。亦以預養是心而廣爲仁之術也。朱子曰。君子於物。愛之而已。食以時。用以禮。不身翦。不暴殄。既足以盡吾心矣。其愛之者仁也。其殺之者義也。齊王之不忍施於見聞之所及。正合愛物淺深之宜。若仁民之心則豈爲其不見之故。而忍以無罪殺之哉。○慶源輔氏曰。唯其不忍之心止施於見聞之所及。故古之君子知學問者必遠其庖廚。乃所以預養是不忍之心。不使之見其生聞其聲。以推廣其爲仁之術。不必屑屑然以其所不見而易其所見也。孟子言此。以見宣王之初心本無不善。以羊易牛。然後仁義之心得以兩全而無害也。○雲峯胡氏曰。一本心也。已發在於擴充。未發在於預養。

王説曰。詩云他人有心予忖度之夫子之謂也。夫我乃行之反而求之不得吾心。夫子言之於我心有戚戚焉。此心之所以合於王者何也。説音悦。忖七本反。度待洛反。夫我之夫音扶。

詩小雅巧言之篇。戚戚心動貌。王因孟子之言而前日之心復扶又反萌。乃知此心不從外得。然猶未知所以反其本而推之也。南軒張氏曰。宣王聞孟子之言有得於心而説。謂已雖行之。及反而求之則有不能以自得者。及孟子抽其端緒以告。則戚然有動於中。當時不忍之意宛然而形。○慶源輔氏曰。戚戚心動而有所慘傷也。孟子所言曲盡其理。故宣王前日之心復動于中。而委蛇曲折之意思莫不盡見。而亦莫非吾心本然之善。非從外而得也。句非孟子攄理之極知言之要。深得夫開導誘掖之術。則亦何能使宣王前日不忍之心復萌也哉。宣王此心雖發動，而其端尚微，其體未充，而又未知所以用力推廣之方，故孟子此下復以用力用明用恩之說以曉切之。○雲峯胡氏曰：齊王於其本心畧能察識，自此以下孟子皆教之以擴充。○新安陳氏曰：此心之所以合於王者何也，王此句亦問得緊切，與孟子是心足以王矣一句相照應。

曰：有復於王者曰：吾力足以舉百鈞，而不足以舉一羽；明足以察秋毫之末，而不見輿薪，則王許之乎？曰：否。今恩足以及禽獸，而功不至於百姓者，獨何與？然則一羽之不舉，爲不用力焉；輿薪之不見，爲不用明焉；百姓之不見保，爲不用恩焉。故王之不王，不爲也，非不能也。與，平聲。爲不之爲，去聲。

復，白也。鈞，三十斤。百鈞，至重難舉也。羽，鳥羽。一羽，至輕易去聲，下同舉也。秋毫之末，毛至秋而末銳，小而難見也。輿薪。以車載薪，大而易見也。許，猶可也。今恩以下，又孟子之言也。蓋天地之性人為貴，故人之與人又為同類而相親。是以惻隱之發，則於民切而於物緩，推廣仁術，則仁民易而愛物難。雙峯饒氏曰：集註惻隱之發是就心上說，推廣仁術則仁民易而愛物難。是就術上說。人性靈，所以仁民易，物無知，如何感得他動，所以愛物難。今王此心能及物矣，則其保民而王，非不能也，但自不肯為耳。南軒張氏曰：親親而仁民，仁民而愛物，此天理之大同，由一本而其施有序也。豈有於一牛則能不忍，而不能保民者？蓋方見牛而不忍者無以蔽之，而其愛物之端發見也。其不能加恩於民者，有以蔽之，而仁民之理不著也。然即夫愛物之端可以知夫仁民之理，素具，能反而循其不忍之實，則其所謂仁民者固可得也。○慶源輔氏曰：天地之性，人為貴，而人之與人又為同類而相親，故惻隱之發於民切，於物緩，皆自然而然。雖至愚之人亦莫不然。學者須是臨事體察者教分曉不可模糊率畧聽其自然事過便休若夫推廣仁術則仁民易而愛物難所以難所以易者且以凡人言之推廣此心愛及同類者其勢便其事易至於物則有不得已而資以爲用者使之皆被吾之愛而無傷則其勢遠其事難自君人者言之發政施仁使民得以遂其生者其事便其事易極輔相財成之道使庶類繁殖鳥獸魚鼈咸若者其勢遠其事難今王此心既發於見牛之際而又有以處之而使是心得以流行矣則是於其勢遠而事難者既能有以及之則以是心而施於勢近而事易與之同類而相親所謂保民而王者則豈有不能者哉但自不肯爲耳○新安陳氏曰今恩足以及禽獸而功不至於百姓者獨何與此二句難得最緊切乃是一大章文意警策處下文又以此二句再難以結之王能其緩且難者而失之於切且易者何也使王能自其不忍之形於愛物者充廣之以仁民特舉而措之耳

曰不爲者與不能者之形何以異曰挾太山以超北海語人曰我不能是誠不能也爲長者折枝語人曰我不能是

不爲也非不能也故王之不王非挾太山以超北海之類也王之不王是折枝之類也語去聲爲長之爲去聲長上聲折之舌反

形狀也挾以腋持物也超躍而過也爲長者折枝以長者之命折草木之枝言不難也是心固有不待外求擴而充之在我而已何難之有

老吾老以及人之老幼吾幼以及人之幼天下可運於掌詩云刑于寡妻至于兄弟以御于家邦言舉斯心加諸彼而已故推恩足以保四海不推恩無以保妻子古之人所以大過人者無他焉善推其所爲而已矣今恩足以及禽獸而功不至於百姓者獨何與與平聲

老以老事之也。吾老謂我之父兄。人之老謂人之父兄。幼以幼畜許六反之也。吾幼謂我之子弟。人之幼謂人之子弟。運於掌言易去聲下同也。詩大雅思齊莊皆反之篇。刑法也。寡妻寡德之妻謙辭也。御治也。不能推恩則衆叛親離故無以保妻子。蓋骨肉之親本同一氣又非但若人之同類而已。故古人必由親親推之然後及於仁民。又推其餘然後及於愛物皆由近以及遠自易以及難。今王反之則必有故矣。故復扶又反推本而再問之。新安陳氏曰末二句再問難以結之。十分精神。文法亦有照應收拾。○和靖尹氏曰善推其所爲學者最要推也。因一事則推之大有所益。言舉斯心加諸彼是也。○南軒張氏曰孟子非使之以其愛物者及人。蓋使之因愛物以循其不忍之實而反其所謂一本者以親親而仁民仁民而愛物此所謂王道也○謂慶源輔氏曰人之骨肉本同一氣而生又非但若人之同類而已故於心爲至親至切而行仁必自孝弟始然後可以推而及於民與物也勢有近遠當由近以及遠事有難易當自易以及難老吾老幼吾幼以及人之老幼刑寡妻至兄弟以御于家邦此皆自然之序而人所不自已者若或反此則必有其故矣是不可不序而致其克復之功使之循序而進不然則倒行而逆施之如無源之水無根之木不旋踵而乾涸枯瘁矣○雙峯饒氏曰因愛牛之心說到此欲其因愛物之心反而見得仁民因愛人之心反而見得親親又因其親親推而至於仁民由仁民推而至於愛物運於掌言其近而易天下雖大只由一家老老幼幼推去又何難且遠之有運於掌與視諸掌不同運屬行視屬知那箇是易知這箇是易行○西山真氏曰由親以及民由民以及物此古人之善推也能及物而不能及民此宣王之不善推也○魯齋王氏曰善推其所爲一句是孟子平生功夫受用只在此○雲峯胡氏曰須要看集註三節議論貫穿處始言愛物則曰人之於禽獸同生而異類繼言仁民則曰天地之性人爲貴故人之與人又爲同

類而相親。此言老老幼幼。則曰骨肉之親本同一氣。又非但若人之同類而已。曰同生。曰同類。曰同氣。是爲理一而分殊。雖推之有序。然皆不過自吾本心而推之。是爲分殊而理一也。大抵此章凡千餘言。大要只二句。欲其察識此心於方發之初。故曰是心足以王矣。欲其擴充此心於已發之後。故曰善推其所爲而已矣

權。然後知輕重。度。然後知長短。物皆然。心爲甚。王請度之。度之之度持洛反

權。稱去聲下同錘直垂反也。度。丈尺也。度之。謂稱量之也。言物之輕重長短。人所難齊。必以權度度上如字下待洛反下文不度音同之。而後可見。若心之應物。則其輕重長短之難齊。而不可不度。以本然之權度。又有甚於物者。今王恩及禽獸而功不至於百姓。是其愛物之心重且長。而仁民之心

輕且短，失其當然之序而不自知也。故上文旣發其端，新安陳氏曰：指恩足以及禽獸而功不至於百姓二句。而於此請王度之也。朱子曰：物易見，心無形。度物之輕重長短易，度心之輕重長短難。度物差了，只是一事；心差了時，萬事差。所以心爲甚。又曰：愛物宜輕，仁民宜重，此是權度，以此去度。○本然之權度，亦只是此心。此心本然，萬理皆具，應物之時，須是子細看合如何，便是本然之權度也。如齊王見牛而不忍之心見，此是合權度處。及至興甲兵，危士臣，結怨於諸侯，又却忍爲之，便是不合權度，失其本心。○慶源輔氏曰：此指宣王之心偏詖處言之也。必先見得其輕重長短如此分明了，然後究其所以然之故，則吾心之蔽始可去，而本然之理始可復。此孟子所以引物資權度之說，而使王自稱量其心也。

抑王興甲兵，危士臣，構怨於諸侯，然後快於心與？與，平聲。

抑，發語辭。士，戰士也。構，結也。孟子以王愛民之心所以輕且短者。必其以是三者爲快也。然三事實非人心之所快。有甚於殺觳觫之牛者。故指以問王。欲其以此而度之也。慶源輔氏曰。孟子恐王不知所以稱量之要。故舉興甲兵。危士臣。構怨於諸侯三事。使王度之。蓋宣王愛民之心所以輕且短者。實以是三者之爲快蔽之也。夫此三事乃人心之所不忍。有甚於殺觳觫之牛者。王若以是爲快。則宜乎愛民之心輕且短也。○雲峯胡氏曰。上一節一心字亦指本心而言。蓋謂本心之中有自然之權度。非自外來也。此節一心字與後數箇欲字便非本心矣。本心難於擴充。而欲心易於蔽錮。此王道所以不行也。

王曰。否。吾何快於是。將以求吾所大欲也。

不快於此者。心之正也。而必爲此者。欲誘之也。欲之所誘者獨在於是。是以其心尚明於他。而獨暗於此。此其愛民之心所以輕短而功不至於百姓也慶源輔氏曰辟土地朝秦楚莅中國撫四夷是其本志也興甲兵危士臣構怨於諸侯則末流之禍耳有是志則有是禍矣指其末流之禍則以爲不快於此者心之明也而卒溺於初志之失而不知反者欲誘之也其心尚明於他者謂不忍一牛之觳觫也而獨暗於此者謂功不至於百姓也○新安陳氏曰所大欲者人欲之橫流所以不能仁民而擴天理之公也

曰王之所大欲可得聞與王笑而不言曰爲肥甘不足於口與輕煖不足於體與抑爲采色不足視於目與聲音不足聽於耳與便嬖不足使令於前與王之諸臣皆足以供之而王豈爲是哉曰否吾不爲是也曰然則王之所大欲可知已欲辟土地朝秦楚莅中國而撫四夷也以若所爲

求若所欲，猶緣木而求魚也。與平聲。爲肥、抑爲、豈爲、不爲之爲，皆去聲。便、令皆平聲。辟與闢同。朝音潮。

便嬖，近習嬖幸之人也。已，語助辭。辟，開廣也。朝，致其來朝也。秦楚皆大國。莅，臨也。新安陳氏曰：所大欲在此。所以初發問便欲聞桓文霸圖事若如此也。所爲，指興兵結怨之事。緣木求魚，言必不可得。

王曰：「若是其甚與？」曰：「殆有甚焉。緣木求魚，雖不得魚，無後災。以若所爲，求若所欲，盡心力而爲之，後必有災。」曰：「可得聞與？」曰：「鄒人與楚人戰，則王以爲孰勝？」曰：「楚人勝。」曰：「然則小固不可以敵大，寡固不可以敵衆，弱固不可以敵強。海

內之地方千里者九齊集有其一以一服八何以異於鄒敵楚哉蓋亦反其本矣甚與聞與之與平聲

殆蓋皆發語辭鄒小國楚大國齊集有其一言集合齊地其方千里是有天下九分扶問反之一也新安陳氏曰千里者九齊楚燕秦趙魏韓宋中山也以一服八必不能勝即有敗亡之禍所謂後災也

反本說見形甸反下文

今王發政施仁使天下仕者皆欲立於王之朝耕者皆欲耕於王之野商賈皆欲藏於王之市行旅皆欲出於王之塗天下之欲疾其君者皆欲赴愬於王其如是孰能禦之朝音潮賈音古愬與訴同

行貨曰商居貨曰賈發政施仁所以王去聲天下之本也近者悅遠者來則大小強弱非所論矣蓋力求所欲則所欲者反不可得能反其本則所欲者不求而至與首章意同也南軒張氏曰行王政者心非欲傾他國以自利惟以民困爲己任爲吾所當爲而天下自歸心焉耳欲朝秦楚莅中國自世俗言則以爲有志自聖賢觀之苟不本乎公理特出於忮求矜伐之私耳齊王惟汲汲於濟其私非惟不克濟而禍患隨之蹈私欲固危道也由孟子所言以發政施仁則公理之所存可欲大之業自可馴致此天理人欲之分也○慶源輔氏曰力求之所欲則徇欲也有爲而爲之也計獲求得用力雖勞而所欲者反不如所期能反其本則循理者也無所爲而爲之也先難後獲先事後得而可大之業自爾循至此天理人欲之分也

王曰吾惛不能進於是矣願夫子輔吾志明以教我我雖

不敏請嘗試之。惛與昏同曰無恒產而有恒心者惟士為能若民則無恒產因無恒心苟無恒心放辟邪侈無不為已及陷於罪然後從而刑之是罔民也焉有仁人在位罔民而可為也恒胡登反辟與僻同焉於虔反

恒常也產生業也恒產可常生之業也恒心人所常有之善心也士嘗學問知義理故雖無恒產而有常心民則不能然矣罔猶羅罔欺其不見而取之也

慶源輔氏曰恒產常生之業則下文所言五畝之宅百畝之田是也恒心常有之善心則下文所言善與禮義是也善又禮義之總名緣民無常產所以無常心故不知禮義而陷於放辟邪侈也若遂從而刑之是誠無異於以羅網罔民欺其不見而取之也○雲峯胡氏曰此心字亦指本心而言但指其在士民者言之

是故明君制民之產，必使仰足以事父母，俯足以畜妻子，樂歲終身飽，凶年免於死亡，然後驅而之善，故民之從之也輕。畜，許六反，下同。

輕，猶易去聲也。此言民有常產而有常心也。

今也制民之產，仰不足以事父母，俯不足以畜妻子，樂歲終身苦，凶年不免於死亡。此惟救死而恐不贍，奚暇治禮義哉？治，平聲。凡治字爲理物之義者平聲，爲己理之義者去聲，後皆倣此。

贍，時念反。足也。此所謂無常產而無常心者也。

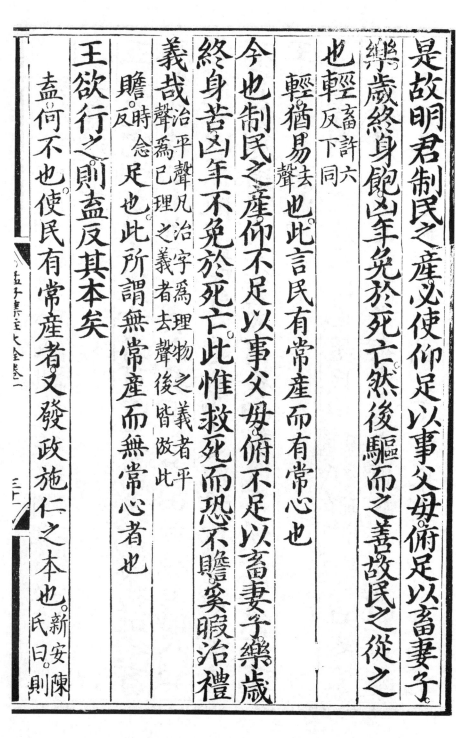

王欲行之，則盍反其本矣。

盍，何不也。使民有常產者，又發政施仁之本也。新安陳氏曰：則

盍反其本矣與前蓋亦反其本矣當對觀發政施仁是所以王天下之本使民有常產又是發政施仁之本也

說見形甸反下文

五畝之宅樹之以桑五十者可以衣帛矣雞豚狗彘之畜無失其時七十者可以食肉矣百畝之田勿奪其時八口之家可以無飢矣謹庠序之教申之以孝悌之義頒白者不負戴於道路矣老者衣帛食肉黎民不飢不寒然而不王者未之有也音見前篇

此言制民之產之法也趙氏曰趙氏名岐詳見序說中註八口之家次上農夫也此王政之本常生之道故孟子爲去聲齊梁之君各陳之也楊氏曰爲天下者舉斯心加諸彼而已

然雖有仁心仁聞去聲而民不被其澤者不行先王之道故也故以制民之産告之○此章言人君當黜霸功行王道而王道之要不過推其不忍之心以行不忍之政而已齊王非無此心而奪於功利之私不能擴充以行仁政雖以孟子反覆曉告精切如此而蔽固已深終不能悟是可歎也南軒張氏曰孟子如對鴻麋之問及對好樂好色好貨皆徐引之當道何其辭氣不迫也至於利國之問則應以何必曰利桓文之問則對以無道無傳論管晏則曰管仲曾西之所不爲言交兵之不利則曰號則不可又何其嚴也自後世觀之後數說比之前數者宜若未至甚害而攻之反甚切何歟蓋前數者一病爲一事耳故紬繹其性之端以示之使之曉然知反躬之要則天理可明而人欲可遏矣至於霸者功利之說易以惑人人或趨之則大體一差雖有嘉言善道亦何由入戰國諸侯其失正在乎此故闢

之不可不嚴也○雲峯胡氏曰。此章甚詳。集註斷之甚約。蓋欲黜霸功則心之所向者正。能行王道則心之所充者大。先王有不忍人之心。斯有不忍人之政。今雖有不忍之心。而不能推之以行不忍之政。無他。奪於功利之私也。功利二字依舊是向霸功上去。入于彼必出於此。世安有不能黜霸功。而能行王道者哉。此孟子所以斷然以爲仲尼之徒所不道也

孟子集註大全卷之一

孟子集註大全卷之二

梁惠王章句下

凡十六章

莊暴見孟子曰暴見於王王語暴以好樂暴未有以對也曰好樂何如孟子曰王之好樂甚則齊國其庶幾乎暴見於之見音現下見於同語字去聲下同好去聲篇內並同

莊暴齊臣也庶幾近辭也言近於治去聲

他日見於王曰王嘗語莊子以好樂有諸王變乎色曰寡人非能好先王之樂也直好世俗之樂耳

變色者慚其好之不正也東陽許氏曰王語暴以好樂蓋論及所好之俗樂暴未有

以對。蓋莊暴亦知俗樂之不足好，欲諫而未得其辭，故以告孟子。王變色，是愧前與暴論者不可聞於孟子，故其下直言之。

曰：王之好樂甚，則齊其庶幾乎！今之樂由古之樂也。

今樂，世俗之樂。古樂，先王之樂。

曰：可得聞與？曰：獨樂樂，與人樂樂，孰樂？曰：不若與人。曰：與少樂樂，與衆樂樂，孰樂？曰：不若與衆。聞與之與，平聲。樂樂下字音洛。孰樂亦音洛。

獨樂音洛，下同。不若與人，與少樂不若與衆，亦人之常情也。

臣請爲王言樂。爲，去聲。

此以下皆孟子之言也。

今王鼓樂於此。百姓聞王鍾鼓之聲管籥之音，舉疾首蹙頞而相告曰。吾王之好鼓樂。夫何使我至於此極也。父子不相見。兄弟妻子離散。今王田獵於此。百姓聞王車馬之音，見羽旄之美，舉疾首蹙頞而相告曰。吾王之好田獵。夫何使我至於此極也。父子不相見。兄弟妻子離散。此無他。不與民同樂也。蹙子六反頞音遏夫音扶同樂之樂音洛

鍾鼓管籥。皆樂器也。新安陳氏曰。管笙也。籥如笛而六孔。或曰簫也。舉。皆也。疾首。頭痛也。蹙。聚也。頞。額也。人憂慼則蹙其額。極。窮也。羽旄。旌屬。趙氏曰。春秋傳范宣子假羽旄於齊。晉人假羽旄於鄭。註。析羽為旌。王者游車所建也。按周禮司常。九旗之數。有全羽析羽。釋云。全羽析羽。直有羽而無帛。不與民同樂。謂獨樂其

身而不恤其民使之窮困也新安陳氏曰因好樂而及田獵以王亦好田獵故也

今王鼓樂於此百姓聞王鍾鼓之聲管籥之音舉欣欣然有喜色而相告曰吾王庶幾無疾病與何以能鼓樂也今王田獵於此百姓聞王車馬之音見羽旄之美舉欣欣然有喜色而相告曰吾王庶幾無疾病與何以能田獵也此無他與民同樂也病與之與平聲同樂之樂音洛

與民同樂者推好樂之心以行仁政使民各得其所也雙峯饒氏曰庶幾無疾病民唯恐君不安樂有愛之欲其生之意若時日害喪則惡之欲其死矣田獵雖非樂推類而言之

今王與百姓同樂則王矣

好樂而能與百姓同之則天下之民歸之矣所謂齊其庶幾者如此○范氏曰戰國之時民窮財盡人君獨以南面之樂音洛下同樂同自奉其身孟子切於救民故因齊王之好樂開導其善心深勸其與民同樂而謂今樂猶古樂其實今樂古樂何可同也但與民同樂之意則無古今之異耳南軒張氏曰與民同樂者固樂之本也好世俗之樂者私欲也與民同樂者公理也孟子不遽詆其所好而獨擴之以公理可謂善啓告者若必欲以禮樂治天下當如孔子之言必用韶舞必放鄭聲蓋孔子之言爲邦之正道孟子之言救時之急務所以不同○楊氏曰樂以和爲主使人聞鍾鼓管絃之音而疾首蹙頞則雖奏以咸英

韶濩胡故反無補於治去聲也。前漢禮樂志。昔黃帝作咸池。顓頊作六莖。帝嚳作五英。堯作大章。舜作招。讀作部禹作夏。湯作濩。武王作武。周公作勺。讀作酌以上並樂名勺。言能勺先祖之道也。武。言以功定天下也。濩。言救民也。夏。大承二帝也。招。繼堯也。大章。章之也。五英。英華茂也。六莖。及根莖也。咸池備矣故孟子告齊王以此。姑正其本而已朱子曰。孟子開導時君。故曰今之樂猶古之樂。至於言百姓聞樂音欣欣然有喜色處。則關閑得甚密。如好色好貨亦此類也。○慶源輔氏曰。范氏辨孔子孟子之說。可謂平正明白。無餘蘊矣。而楊氏論樂以和爲主。及與民同樂爲樂之本。又可以足范氏之說。○新安陳氏曰。不卹民而自好世俗之樂。以縱其荒樂。人欲之縱肆也。因賢者之問而自慚所好之不正。天理之萌動也。齊王慚之。孟子不詆而開導之。戒其縱獨樂之私。而勉其充同樂之公。遏人欲而擴天理也。王道在遏人欲擴天理而已

○齊宣王問曰。文王之囿方七十里。有諸。孟子對曰。於傳

有之。囿音又。傳直戀反。

囿者，蕃音煩育鳥獸之所。古者四時之田，皆於農隙乞逆反以講武事。左傳隱公五年，春，公將如棠觀魚者，臧僖伯諫曰：凡物不足以講大事，大事謂祀與戎。戎，兵也。其材不足以備器用，則君不舉焉。君將納民於軌物者也。故講事以度軌量謂之軌，取材以章物采謂之物。不軌不物謂之亂政。亂政亟行，所以敗也。故春蒐、夏苗、秋獮、冬狩，四者皆田獵之名。蒐，索擇取不孕者。苗，為除害也。獮，殺也，以殺為名，順秋氣也。狩，圍守也，冬物畢成，獲則取之，無所擇也。皆於農隙以講事也。然不欲馳騖音務於稼穡場圃之中，故度待洛反閒曠之地以為囿。然文王七十里之囿，其亦三分天下有其二之後也與？音余。南軒張氏曰：意齊王欲廣其囿，諛佞之徒必有假文王事以逢之者。文王豈崇囿如此？蓋其蒐田所及，民以為王之囿耳，以芻雉得往，知其然也。傳謂古書。慶源輔氏曰：孟子時有之，今不復存。孟子

所謂於傳有之亦言據古書有此說耳然未必其然否也

曰若是其大乎曰民猶以爲小也曰寡人之囿方四十里民猶以爲大何也曰文王之囿方七十里芻蕘者往焉雉兔者往焉與民同之民以爲小不亦宜乎芻音初蕘音饒

芻草也蕘薪也

臣始至於境問國之大禁然後敢入臣聞郊關之內有囿方四十里殺其麋鹿者如殺人之罪則是方四十里爲阱於國中民以爲大不亦宜乎阱才性反

禮入國而問禁禮記曲禮入境而問禁入國而問俗入門而問諱國外百里爲郊郊外有關阱坎地以陷獸者言陷民於死也新安陳氏曰前

篇罔民與此爲阱皆是借網取禽阱取獸以諷切時君之禽獸其民苑囿一也設禁阱民者人欲之私與民同利者天理之公無非欲遏人欲擴天理而已

○齊宣王問曰交鄰國有道乎孟子對曰有惟仁者爲能以大事小是故湯事葛文王事昆夷惟智者爲能以小事大故大王事獯鬻句踐事吳獯音熏鬻音育句音鈎

仁人之心寬洪惻怛當葛反○慶源輔氏曰寬洪仁者之量惻怛仁者之意而無較計大小彊弱之私故小國雖或不恭而吾所以字之之心自不能已程子曰凡人有所計較者皆私意也仁者欲人之善而矜人之惡不計較小大彊弱而事之故能保天下犯而不較亦樂天順理者也○新安陳氏曰惟仁者能忘己之大而事鄰國之小實只字之事之耳若智者明義理識時勢故大國雖見侵陵而吾

所以事之之禮尤不敢廢。新安陳氏曰。惟智者爲能安己之小。而事隣國之大。朱子云智者不特是見得利害明。道理自合恁地。小之事大。弱之事强。皆是道理合恁地。湯事見形甸反。下同後篇。文王事見詩大雅。大王事見後章。所謂狄人即獯鬻也。詩綿八章。肆不殄厥慍。亦不隕厥問。柞子洛反棫音域拔蒲具反矣。行道兌吐外反矣。混音昆夷駾徒對反矣。維其喙吁貴反矣。駾。突也。喙。息也。言大王雖不能殄絶混夷之慍怒。亦不隕墜己之聲問。蓋雖聖賢不能必人之不怒己。但不廢其自脩之實耳。然大王始至此岐下之時。林木深阻。人物鮮少。至於其後。生齒漸繁。歸附日衆。則木拔道通。昆夷畏之。而奔突竄伏。維其喙息而已。言德盛而昆夷自服也。蓋已爲文王之時矣

句踐。越王名。事見國語史記。國語吳語。史記越王勾踐世家同云。越王勾戩芊姓興兵伐吳。吳王夫差姬姓聞之。悉發精兵擊越。敗之夫音扶椒今大湖中椒山是也越王乃以餘兵五千人保棲於會古外反稽山名。在山陰南七里吳王追而圍之。越王乃令大夫種行成於吳成者。平也。求平於吳

也滕行頓首曰君王亡臣勾踐使臣種敢告下執事勾踐請爲臣妻爲妾吴王將許之子胥言於吴王曰天以越賜吴勿許也種還以報勾踐勾踐欲殺其妻子燔寶器觸戰而死種止勾踐曰夫吴太宰嚭貪可誘以利請行猶微行言之於是勾踐乃以美女寶器令種間以獻吴太宰嚭嚭受乃見大夫種於吴王種頓首言曰願大王赦勾踐之罪盡入其寶器不幸不赦勾踐將盡殺其妻子燔其寶器五千人觸戰必有當也嚭因説吴王曰越以服爲臣若將赦之此國之利也卒赦越罷兵歸朱子曰仁者自然合理智者知理之當然而敬以循之其大槩是如此若細分之則太王勾踐意思自不同也潛室陳氏曰仁者無計較之私忘其孰大而孰小智者有度量之明自知小不能敵大雲峯胡氏曰本文大事小小事大集註則曰大字小小事大一字字尤見仁人之心然大之字小猶未足以見其仁必小國雖或不恭而字之之心自不能已乃見大者之仁小之事大猶未足以見其智必大國雖見侵陵而事之之禮尤不敢廢乃足以見小者之智

以大事小者樂天者也以小事大者畏天者也樂天者保

天下。畏天者保其國。樂音洛

天者理而已矣大之字小小之事大皆理之當然也自然合理故曰樂天不敢違理故曰畏天包含徧覆覆敷救反無不周徧保天下之氣象也制節謹度不敢縱逸保一國之規模也問樂天畏天不同以仁者而居小國固不免爲智者之事使智者而居大國則未必能爲仁者之舉何者智者分別曲直未必能容忍而不與之較如仁者之爲也朱子曰得之○仁者與天爲一智者聽天所命與天爲一者嘉人之善矜人之惡無所擇於利害故能以大事小聽天所命者循理而行順時而動不敢用其私心故能以小事大○何叔京曰仁者以天下爲度一視而同仁惟欲人各得其所不復計彼此强弱之勢故以大事小而不以爲難如葛與昆夷之無道湯文懇懃而厚恤之及終不可化而禍及於人然後不得已而征伐之仁之至也智者達於事變而知理之當然故以小事大而不敢忽然而必自强於政治期

於有以自立。如獯鬻與吳之方強。大王勾踐外卑躬而事之。內則治其國家。和其民人。終焉或興王業。或刱其恥。此智之明也。使湯文保養夷葛惡極而不能去。是不仁而縱亂也。大王勾踐惟敵之畏。而終不能自強。是無恥而苟安也。又何取於仁智哉。○慶源輔氏曰。天者理而已矣。即程子所謂夫天尊言之即道也。以道理言則大者自當字小。此天之所以覆地也。小者自當事大。此坤之所以承乾也。又曰。保天下保其國。言仁智者之氣象規模有此效也。非謂仁者智者之心欲其如此也。○雲峯胡氏曰。字之之心自不能已。即是自然合理。事之之禮尤不敢廢。即是不敢違理。包含徧覆無不周徧。即其字之之心。而其氣象愈充拓愈恢宏。制節謹度不敢縱逸。即其事之之禮。而其規模愈收斂愈嚴謹。集註措辭之精微如此

詩云。畏天之威。于時保之

周頌我將之篇。時是也。新安陳氏曰。引詩不及樂天邊。亦偶然耳。○朱子曰。此智者畏天而保其國之事。○雙峯饒氏曰。天理當然違之則有禍。此便是天威了

王曰。大哉言矣。寡人有疾。寡人好勇。

言以好勇。故不能事大而恤小也。新安陳氏曰。大之事小。善待之而已。非小事之也。集註於大事小必曰字小。又曰恤小。而於事大不易事字。蓋欲發明孟子意。不可不畧易此字也

對曰。王請無好小勇。夫撫劍疾視曰。彼惡敢當我哉。此匹夫之勇。敵一人者也。王請大之。夫撫之夫音扶。惡平聲

疾視。怒目而視也。小勇。血氣所爲。大勇。義理所發。趙氏曰。血氣所爲之勇。如溝澮之水。暴集隨涸。故謂之小。義理所發之勇。天開地闢。自不能已。故謂之大

詩云。王赫斯怒。爰整其旅。以遏徂莒。以篤周祜。以對于天下。此文王之勇也。文王一怒而安天下之民。

詩大雅皇矣篇。赫赫然怒貌。爰於也。旅衆也。遏詩作按。

止也。徂。往也。莒詩作旅。徂旅謂密人侵阮徂共音恭之衆也。篤厚也。祜福也。對答也。以答天下仰望之心也。詩皇矣帝謂文王。無然畔援。無然歆羨。誕先登于岸。密人不恭。敢距大邦。侵阮徂共。王赫斯怒。爰整其旅。以按音遏徂旅。以篤周祜。以對于天下。密。密須氏。姞姓之國。在今寧州。阮。國名。在今涇州。共。阮國之地名。今涇州共池是也。此言文王征伐之始也。無所畔援歆羨。大能先造道之極。因密人不恭。是以如此。此文王之大勇也。新安陳氏曰。怒者勇之發也。因王赫斯怒一怒字發出一怒安民之說。蓋自赫怒舉兵以對于天下而生發出此意

書曰。天降下民。作之君。作之師。惟曰其助上帝。寵之四方。有罪無罪惟我在。天下曷敢有越厥志。一人衡行於天下。武王恥之。此武王之勇也。而武王亦一怒而安天下之民

衡與橫同

書周書泰誓之篇也。然所引與今書文小異雙峯饒氏曰。書言寵綏四方。指君而言。孟子言寵之四方。指天而言。書之有罪無罪。指紂而言。孟子之有罪無罪。指諸侯而言。書之越厥志。指君而言。孟子之越厥志。指民而言。二者大段不同。想古人之書與今多不同。多是人記得。人家不常有此本今且依此解之。寵之四方。寵異之於四方也。有罪者我得而誅之。無罪者我得而安之。我既在此。則天下何敢有過越其心志而作亂者乎。衡行謂作亂也。孟子釋書意如此。而言武王亦大勇也慶源輔氏曰。寵異。謂天寵異武王於天下也。亶聰明。是以天德寵異之也。作元后。是以天位寵異之也。心志。謂天下之心志也。人之作亂。皆過越其心志之故耳。若守其心志。無所過越。則何至有作亂之事乎。此武王以天下之重自任也

今王亦一怒而安天下之民民惟恐王之不好勇也

王若能如文武之爲則天下之民望其一怒以除暴亂而拯己於水火之中惟恐王之不好勇耳○此章言人君能懲小忿則能恤小事大以交鄰國能養大勇則能除暴救民以安天下慶源輔氏曰君人者必能懲小忿然後能養大勇所謂人能有所不爲然後可以有爲也○新安陳氏曰章旨能懲小忿四字實自寡人好勇一句發出齊王所好之勇小忿也孟子所言之勇大勇也張敬夫曰小勇者血氣之怒也大勇者理義之怒也血氣之怒不可有理義之怒不可無知此則可以見性情之正而識天理人欲之分矣龜山楊氏曰人君固不可無勇而齊王以是爲有疾故孟子告以文武之事使廓而大之則安天下無足爲者矣○雙峯饒氏曰怒得是便是

天理。怒得不是，便是人欲。孟子之論，大槩要分別天理人欲於毫釐之間，如同樂、獨樂之類。○雲峯胡氏曰：夫子嘗以智、仁、勇三者並言，此勇字亦當連前仁、智字並言。仁智中之勇，是謂大勇。小勇者，不仁不智者也。不仁者徒逞血氣，而於義理之勇必無之；不智者不明義理，而於血氣之勇必有之。

○齊宣王見孟子於雪宮。王曰：「賢者亦有此樂乎？」孟子對曰：「有。人不得，則非其上矣。樂音洛，下同。

雪宮，離宮名。言人君能與民同樂，則人皆有此樂；不然，則下之不得此樂者，必有非其君上之心。明人君當與民同樂，不可使人有不得者，非但當與賢者共之而已也。慶源輔氏曰：離猶別也，別在其所居宮室之外，故曰離宮。君能與民同樂，則人皆有此樂，此釋有之一字。下不得此樂者，必有非君上之心，此釋人不得則非其上矣一句。○雲峯胡氏曰：觀集註非但當與賢者共之一句便見得深惠王問賢者亦樂此與齊宣王問賢者亦有此樂兩賢字似同而實有不同孟子答以賢者而後樂此不賢者雖有此不樂所謂賢者皆指君而言此則答以有之一字者謂賢者有此樂也然非特賢者有之此樂凡人皆欲有此樂人有不得其樂則心有非其上之心矣是知此樂當與凡人共之不但當與賢者共之也如此則兩處賢字不同又按饒氏謂朱子云賢者亦樂此其辭遜賢者亦有此樂其辭驕以此觀之語録謂沼上之對其辭遜雪宮之對其辭夸傳録之誤明矣蓋謂之驕者當以問字言不當以對字言也

不得而非其上者非也爲民上而不與民同樂者亦非也

下不安分扶問反上不恤民皆非理也慶源輔氏曰下不得而非其上者不知命也故謂之不安分爲民上而不與民同樂者不知義也故謂之不恤民

樂民之樂者民亦樂其樂憂民之憂者民亦憂其憂樂以天下憂以天下然而不王者未之有也

樂民之樂而民樂其樂則樂以天下矣憂民之憂而民憂其憂則憂以天下矣南軒張氏曰憂樂不以己而以天下天理之公也於是舉景公事蓋道其國故典以告之○慶源輔氏曰君以民之樂爲樂則民亦以君之樂爲樂如是則君以民爲體民以君爲心天下雖大兆民雖多其懽忻愉怡痒痾疾痛舉切於吾之身矣君能體仁如此則天下之民其將何往雖欲無王不可得也

昔者齊景公問於晏子曰吾欲觀於轉附朝儛遵海而南放于琅邪吾何脩而可以比於先王觀也朝音潮放上聲晏子齊臣名嬰轉附朝儛皆山名也遵循也放至也琅邪余遮反齊東南境上邑名觀游也

晏子對曰善哉問也天子適諸侯曰巡狩巡狩者巡所守

也。諸侯朝於天子曰述職。述職者，述所職也。無非事者。春省耕而補不足，秋省斂而助不給。夏諺曰：吾王不遊，吾何以休？吾王不豫，吾何以助？一遊一豫，爲諸侯度。狩，舒救反。省，悉井反。

述，陳也。省，視也。斂，收穫也。給，亦足也。夏諺，夏時之俗語也。豫，樂音洛也。巡所守，巡行諸侯所守之土也。述所職，陳其所受之職也。趙氏曰：巡所守者，自上察下也。述所職者，自下達上也。王十二年一巡狩，諸侯六年一朝，皆無有無事而空行者。而又春秋循行去聲郊野，察民之所不足而補助之。故夏諺以爲王者一遊一豫，皆有恩惠以及民。而諸侯皆取法焉，不敢無事慢遊以病其民也。新安陳氏曰：以上晏子言先王之法，此下言當時之弊。

令也不然師行而糧食飢者弗食勞者弗息睊睊胥讒民乃作慝方命虐民飲食若流流連荒亡爲諸侯憂睊古縣反

令謂晏子時也師衆也二千五百人爲師春秋傳曰君行師從左傳定公四年劉文公合諸侯于召陵謀伐楚衛侯令祝鮀從辭曰君以軍行祓社釁鼓師出先有事祓禱於社謂之宜社於是殺牲以血塗鼓鼙謂之釁鼓祝奉以從奉社主也於是乎出竟若嘉好之事謂朝會君行師從卿行旅從五百人爲旅臣無事焉糧謂糗也去久反熬米麥糒音備又丘救反之屬睊睊側目貌胥相也讒謗也慝惡也烏路反也言民不勝平聲其勞而起怨謗也方逆也命王命也若流如水之流無窮極也流連荒亡解見形甸反下文諸侯謂附庸之國縣邑之長上聲○慶源輔氏曰晏子主言齊事而云爲諸侯憂故知爲附庸之國縣邑之

長也。王者之命諸侯。豈固欲其如此哉。不過使之愛養斯民而已。逆王命則虐必及其民矣。雙峯饒氏曰。師行而糧食。君之行也以師。其食也以糧。一而字在中間見得是兩事。方命之命是好底命。天子之命必是教他撫一國之民。今也如此。則是逆王命了。又曰爲諸侯度指先王言。爲諸侯憂指時君言

從流下而忘反謂之流。從流上而忘反謂之連。從獸無厭謂之荒。樂酒無厭謂之亡。厭平聲樂音洛

此釋上文之義也。從流下。謂放舟隨水而下。從流上。上時掌反謂挽舟逆水而上。從獸。田獵也。荒。廢也。樂酒。以飲酒爲樂也。亡。猶失也。言廢時失事也。雙峯饒氏曰。荒是廢時。亡是失事

先王無流連之樂。荒亡之行。惟君所行也。之行之行去聲

言先王之法。今時之弊。二者惟在君所行耳。

景公說大戒於國出舍於郊於是始興發補不足召大師曰爲我作君臣相說之樂蓋徵招角招是也其詩曰畜君何尤畜君者好君也說音悅爲去聲樂如字徵陟里反招與韶同畜勑六反戒告命也出舍自責以省悉井反民也興發發倉廩也大師樂官也君臣己與晏子也樂有五聲三曰角爲民四曰徵爲事禮記樂記宮爲君商爲臣角爲民徵爲事羽爲物注宮絃最大用八十一絲聲重而尊故爲君商屬金金爲次斷臣事也絃用七十二絲次宮如臣次君者也角觸也物觸地而出載芒角也絃用六十四絲聲居宮羽之中屬木以其清濁中民之象也徵屬夏夏時正長萬物皆成形體事亦有體故配事絃用五十四絲羽爲水聚清物之象故爲物絃用四十八絲招舜樂也其詩徵招角招之詩也尤過也言晏子能畜止其君之欲宜爲君之所尤然其心則何

過哉。孟子釋之。以爲臣能畜止其君之欲。乃是愛其君者也。新安陳氏曰。上文引援景公晏子事實。只末一句是孟子說。○西山眞氏曰。易之大小畜。皆以止爲義。凡止君之欲者。乃所以爲愛君也。縱君之欲者。其得爲愛君乎。忠臣之心。惟恐其君之有欲。奸臣之心。惟恐其君之無欲。○尹氏曰。君之與民。貴賤雖不同。然其心未始有異也。孟子之言。可謂深切矣。齊王不能推而用之。惜哉。南軒張氏曰。孟子羞稱管晏。今乃引晏子之言。何也。蓋羞稱者。其大法也。言與事有可取。亦不可没也。亦見與人爲善。至公至平之心也。○雲峯胡氏曰。齊景能聽晏子之說。而齊宣不能受孟子之說。是可惜也。○新安陳氏曰。此章與沼上之對畧相似。大意主於不自樂而與民同樂耳。樂民之樂。憂民之憂。雖平說。然憂樂相反而實相關。憂民之憂者。必不暇樂己之樂。樂己之樂者。必不知憂民之憂。惟先憂以天下。而後能樂以天下也。前一截已盡之。後不過引一段故實耳。不與民同樂。人欲也。憂樂以天下。天理也。遊豫爲諸侯度。天理也。流

連爲諸侯憂。人欲也。無非遏人欲擴天理也。又舜之韶。遺音必有在齊者。孔子在齊聞韶。景公樂亦名招。可見

○齊宣王問曰。人皆謂我毁明堂。毁諸已乎

趙氏曰。明堂。泰山明堂。周天子東巡守（去聲）朝（音潮）諸侯之處。漢時遺址（音止）尚在。人欲毁之者。蓋以天子不復（扶又反）巡守。諸侯又不當居之也。王問當毁之乎。且止乎。慶源輔氏曰。漢書郊祀志。武帝元封元年。封泰山。泰山東北址古有明堂處。云欲毁明堂。正與子貢欲去告朔餼羊之意同。以其無用故欲去之也

孟子對曰。夫明堂者。王者之堂也。王欲行王政。則勿毁之矣（夫音扶）

明堂。王者所居以出政令之所也。能行王政。則亦可以

王去聲矣。何必毁哉。朱子明堂說曰。論明堂制者非一。竊意當有九室。如井田之制。東之中爲青陽太廟。東之南爲青陽右个。東之北爲青陽左个。南之中爲明堂太廟。南之東即東之南爲明堂左个。南之西即西之南爲明堂右个。西之中爲總章太廟。西之南即南之西爲總章左个。西之北即北之西爲總章右个。北之中爲玄堂太廟。北之東即東之北。爲玄堂右个。北之西即西之北。爲玄堂左个。中爲太廟太室。凡四方之太廟異方所。其左个右个。則青陽之左个。乃玄堂之右个。明堂之右个。乃總章之左个也。總章之右个。乃玄堂之左个。明堂之左个。乃青陽之右个也。但隨其時之方位開門耳。太廟太室。則每季十八日天子居焉。古人制事多用井田遺意。此恐然也。新安倪氏曰。此朱子按禮記月令爲說

王曰。王政可得聞與。對曰。昔者文王之治岐也。耕者九一。仕者世祿。關市譏而不征。澤梁無禁。罪人不孥。老而無妻曰鰥。老而無夫曰寡。老而無子曰獨。幼而無父曰孤。此四

者。天下之窮民而無告者。文王發政施仁。必先斯四者。詩云。哿矣富人。哀此煢獨。與平聲。孥音奴。鰥姑頑反。哿工可反。煢音瓊。

岐。周之舊國也。趙氏曰。按岐山在漢右扶風美陽縣西北。唐屬岐州岐山縣。山之南有周原。蓋周之舊國。九一者。井田之制也。方一里爲一井。其田九百畝。中畫井字。界爲九區。一區之中爲田百畝。中百畝爲公田。外八百畝爲私田。八家各受私田百畝。而同養去聲公田。是九分扶問反而稅其一也。世祿者。先王之世。仕者之子孫皆教之。教之而成材則官之。如不足用。亦使之不失其祿。蓋其先世嘗有功德於民。故報之如此。忠厚之至也。關。謂道路之關。市。謂都邑之市。譏。察也。征。稅也。關市之吏，察異服異言之人，而不征商賈音古之稅也。澤謂瀦水。梁謂魚梁。與民同利，不設禁也。問文王治岐，關市不征，澤梁無禁，成周門關市廛皆有限守，山林川澤悉有厲禁，何也？潛室陳氏曰：文王因民所利而利之，乃王道之始；成周經制大備，乃王道之成。孥，妻子也。惡惡止其身，不及妻子也。新安陳氏曰：世祿，善善長也；不孥，惡惡短也。先王養民之政，導其妻子使之養其老而恤其幼。不幸而有鰥寡孤獨之人，無父母妻子之養，則尤宜憐恤，故必以爲先也。詩小雅正月之篇。哿，可也。煢，困悴秦醉反貌。新安陳氏曰：正月末章之意，云亂至於此，富人猶或可勝，煢獨甚矣，其可哀也。

○雙峯饒氏曰：都鄙用助法，鄉遂用貢法，此周所以兼二代之法。井田之法，坦平處可行，江南想從古行貢法。關是道路搏節處，市是市井，澤是水所都處，梁是水所通處。耕者九一，仕者世祿，是士農工商皆有所養，惟鰥

寡孤獨無所告故發政施仁必先斯四者

王曰善哉言乎曰王如善之則何為不行王曰寡人有疾寡人好貨對曰昔者公劉好貨詩云乃積乃倉乃裹餱糧于橐于囊思戢用光弓矢斯張干戈戚揚爰方啓行故居者有積倉行者有裹糧也然後可以爰方啓行王如好貨與百姓同之於王何有餱音侯橐音託戢詩作輯音集

王自以為好貨故取民無制而不能行此王政公劉后稷之曾孫也詩大雅公劉之篇積露積也餱乾音干糧也無底曰橐有底曰囊皆所以盛音成餱糧也戢安集也言思安集其民人以光大其國家也戚斧也揚鉞音越也爰

於也。啓行。言往遷于豳（悲巾反）也。何有。言不難也。孟子言公劉之民富足如此。此是公劉好貨而能推己之心以及民也。今王好貨亦能如此。則其於王天下也何難之有

西山眞氏曰。人君豈不事儲峙之富。惟能推此心使斯民亦有餱糧之積可也

王曰。寡人有疾。寡人好色。對曰。昔者大王好色。愛厥妃。詩云。古公亶父。來朝走馬。率西水滸。至於岐下。爰及姜女。聿來胥宇。當是時也。內無怨女。外無曠夫。王如好色。與百姓同之。於王何有。（大音泰）

王又言此者。好色則心志蠱惑。用度奢侈。而不能行王政也。大王。公劉九世孫。詩大雅緜之篇也。古公。大王之

本號後乃追尊爲大王也亶父音甫大王名也來朝走馬避狄人之難去聲也新安陳氏曰來朝其來以朝也古人紀事蓋有此例如書曰王朝步自周周公朝至于洛率循也滸呼五反水厓也岐下岐山之下也姜女大王之妃也胥相也宇居也曠空也無怨曠者是大王好色而能推己之心以及民也南軒張氏曰齊王好貨好色孟子以公劉太王對但謂公劉好貨太王好色而不知實未嘗好也二君處心平和無一毫物我之私如曰居者有積倉行者有裹糧豈惟欲其國富而亦欲其民富也如曰內無怨女外無曠夫不惟君有室家而民亦欲其有室家也好字雖同而所以爲好則異故孟子曰王如好貨好色與百姓同之於王何有二君之好天理也齊王之好人欲也○新安陳氏曰孟子之言有因其近似而發揮之以足己意者如公劉好貨本無事實只乃積乃倉一句太王好色亦無事實只爰及姜女一句而已然欲開導時君意正辭辯

○楊氏曰孟子與人

君言皆所以擴充其善心擴天理而格其非心遏人欲不止就事論事若使爲人臣者論事每如此豈不能堯舜其君乎愚謂此篇自首章至此大意皆同蓋鍾鼓苑囿游觀之樂音洛與夫音扶好勇好貨好色之心皆天理之所有而人情之所不能無者然天理人欲同行異情循理而公於天下者聖賢之所以盡其性也縱欲而私於一己者衆人之所以滅其天也二者之間不能以髮而其是非得失之歸相去遠矣故孟子因時君之問而剖普后反析於幾平聲微之際皆所以遏人欲而存天理其法似疏平聲而實密其事似易去聲而實難慶源輔氏曰法似疏而實密事似易而實難蓋

不直禁其好勇好色。則似若踈且易矣。然必使爲公劉太王之事。推已之心。以及民。循理而不縱欲。公天下而不私一己。則其實又甚密而且難矣。法猶孟子之說。事指公劉太王之事。非孟子據理之極。知言之要。何能辨析其精微如此哉。學者以身體之。則有以識其非曲學阿世之言。而知所以克己復禮之端矣。新安陳氏曰。克己復禮之端。即謂天理人欲二者之間。幾微之際也。問孟子答梁惠王問利。直掃除之。此處却如此引導之。何也。朱子曰。此處亦自分義利。特人自不察耳。慶源輔氏曰。鍾鼓苑囿遊觀之樂。與夫好勇好貨好色之心。固天理人情之所不能無者。但有理與欲公與私之異耳。故集註舉胡氏天理人欲同行異情之說而辨析之。夫聖賢之與衆人。其於好貨好色。其行雖同。而其情則異。循理而公天下者。聖賢之所以盡其性。此即公劉太王與民共欲之事也。縱欲而私於一己者。衆人之所以滅其天理。此即齊王自以爲疾之事也。二者同異。不過毫髮之間。而其終之是非得失。則其相去遂有盡性滅天興王絕世之相反。集註言此。不但贊其理之密。正欲使學者因其言以反諸身。至誠。

體察於所謂毫髮之際，然後力求所以循夫理而克其欲耳。○雲峯胡氏曰：「天理人欲同行異情，出五峯胡氏之言，朱子平日深取之，今引以釋此章者，如齊王好色，太王亦好色，是同行也；齊王是行從人欲上去，太王是行歸天理上來，是異情也。同行則天理人欲之幾若不能以髮，異情則天理人欲之判不啻霄壤矣。凡曲學阿世者，非逢君之惡則長君之惡。孟子之言，無非止君之惡而誘君於善，無非遏人欲而存天理也。」

○孟子謂齊宣王曰：「王之臣有託其妻子於其友而之楚遊者，比其反也，則凍餒其妻子，則如之何？」王曰：「棄之。」比，必二反。

託，寄也。比，及也。棄，絶也。

曰：「士師不能治士，則如之何？」王曰：「已之。」

士師，獄官也。其屬有鄉士、遂士之官，士師皆當治之。已，罷去上聲也。周禮秋官司寇刑官之屬士師、鄉士、遂士、縣士。○注：鄉士掌六鄉之獄，遂士掌六遂之獄，縣

士。掌縣獄

曰。四境之內不治。則如之何。王顧左右而言他。治去聲

孟子將問此而先設上二事以發之。及此而王不能答也。其憚於自責。恥於下問如此。不足與有爲可知矣。慶源輔氏曰。顧左右以釋其愧。言他事以亂其辭。有護疾忌醫之心。無責己求言之意。○雙峯饒氏曰。自責下問。集註自爲他開兩條路。當言此則寡人之罪也。這便是自責。又當言如何可以治人。這便是下問。齊王亦無服善之心。故顧左右而言他。後來因孔距心之辭。則不憚於自責矣。然亦恥於下問。○趙氏曰。言君臣上下。并王與士師言。各勤其任。無墮許規反其職。乃安其身

○孟子見齊宣王曰。所謂故國者。非謂有喬木之謂也。有世臣之謂也。王無親臣矣。昔者所進。今日不知其亡也。

世臣。累（魯水反）世勲舊之臣。與國同休戚者也。親臣。君所親信之臣。與君同休戚者也。此言喬木世臣。皆故國所宜有。然所以爲故國者。則在此而不在彼也。（此謂世臣。彼謂喬木）昨日所進用之人。今日有亡去而不知者。則無親臣矣。況世臣乎

王曰。吾何以識其不才而舍之（舍上聲）

王意以爲此亡去者。皆不才之人。我初不知而誤用之。故今不以其去爲意耳。因問何以先識其不才而舍之邪

曰。國君進賢。如不得已。將使卑踰尊。疏踰戚。可不慎與（與平聲）

如不得已。言謹之至也。蓋尊尊親親。用世臣而尊其尊親其親禮之常也。然或尊者親者未必賢。則必進疏遠之賢而用之。是使卑者踰尊。非尊尊之常疏者踰戚。非親親之常非禮之常。故不可不謹也。朱子曰。孟子言昔者所進今日不知其亡。故王問何以識其不才而舍之。而孟子告以進賢如不得已。蓋於進退之間。無所不審。非但使之致察於去人殺人也。○慶源輔氏曰。先儒皆以如不得已一句連下文說。言不得已則將使卑踰尊疏踰戚。故不可不謹。雖若可通。然如此。則是國君用人。惟不得已之際。方致其謹。非孟子意也。故集註直以如不得已一句連上文說。言如不能得已。是至謹之意。人君於進賢之際。皆不可不謹。故於下段結之云所謂進賢如不得已者如此。至於尊者親者未必賢。則又將進其疏遠之賢者而用之。至使卑者踰尊。疏者踰戚。則又非禮之常。尤不可不謹也。

左右皆曰賢。未可也。諸大夫皆曰賢。未可也。國人皆曰賢。

然後察之見賢焉然後用之左右皆曰不可勿聽諸大夫皆曰不可勿聽國人皆曰不可然後察之見不可焉然後去之去上聲

左右近臣其言固未可信諸大夫之言宜可信矣然猶恐其蔽於私也至於國人則其論公矣然猶必察之者蓋人有同俗而爲衆所悅者新安陳氏曰若孟子所論鄉原一鄉皆稱原人是也亦有特立而爲俗所憎者新安陳氏曰若韓子所論伯夷特立獨行而舉世非之是也故必自察之而親見其賢否之實然後從而用舍上聲之則於賢者知之深任之重而不才者不得以幸進矣所謂進賢如不得已者如此慶源輔氏曰所謂察之則必因言以察其心考迹以

察其用。如孔子之視所以。觀所由。察所安。然後能親見其賢否之實。從而用舍之。則於賢者非徒知之。知之必深而無所疑。非徒任之。任之必重而不可易。至於不才亦不容於幸進矣○新安陳氏曰。如此方見進賢謹之之至。如必不得已而然者。要之用舍之道。參之於衆而察之於獨。不賢者固去之勿疑矣。賢者必任之勿貳。是即君所親信之臣也。此非親信之以己之私。而實親信之以國人之公。所謂民之所好好之也。今日爲王之親臣。他日託孤寄命即爲國家之世臣矣

左右皆曰可殺勿聽。諸大夫皆曰可殺勿聽。國人皆曰可殺。然後察之。見可殺焉。然後殺之。故曰國人殺之也。

此言非獨以此進退人才。至於用刑亦以此道。蓋所謂天命結上文進人才天討。結此一節皆非人君之所得私也南軒張氏曰。既言進退人才之道。復及於可殺者。蓋如舜之於四凶。孔之於少正卯。天討之施有不可已者也。曰國人殺之言

非己殺之，因國人之公心耳。然則其用是人、去是人，亦非吾用之去之，國人用之去之也。蓋天聰明自我民聰明，國人之公心，即天理之所存，一毫私意加於其間，則非天之理矣。○新安陳氏曰：因用舍而及刑殺，亦是孟子敷演以明其意。不才者舍之，有罪而甚焉者殺之也。

如此，然後可以爲民父母。

傳去聲曰：大學傳文：民之所好好之，民之所惡惡之，此之謂民之父母。新安陳氏曰：總結上文用之去之殺之三節意。

○齊宣王問曰：湯放桀，武王伐紂，有諸？孟子對曰：於傳有之。傳直戀反

放，置也。書曰：成湯放桀于南巢。

曰：臣弒其君可乎？

桀紂天子。湯武諸侯

曰。賊仁者謂之賊。賊義者謂之殘。殘賊之人謂之一夫。聞誅一夫紂矣。未聞弒君也

賊。害也。殘。傷也。害仁者。凶暴淫虐。滅絶天理。故謂之賊。害義者。顛倒錯亂。傷敗彝倫。故謂之殘。一夫。言衆叛親離。不復扶又反以爲君也。書曰。獨夫紂。蓋四海歸之。則爲天子。天下叛之。則爲獨夫。所以深警齊王。垂戒後世也

新安陳氏曰。紂罪浮於桀。故下文單說紂。○朱子曰。傷敗彝倫。只是小小傷敗常理。如不以禮食不親迎之類。若是紾兄臂踰東家墻。便是絶滅天理。周書忌勝敬者滅。即賊仁謂賊之意。欲勝義者凶。即賊義謂殘之意。賊義是就一事上說。賊仁是就心上說。其實賊義便是賊那仁底。但分而言之則如此。○賊仁。是將三綱五常天

秩之禮一齊壞了。義隨事制宜。賊義只是於此一事不是。更有他事在。○賊仁者無愛心。而殘忍之謂也。賊義者無羞惡之心之謂也。○問賊仁是害心之理。賊義是見於所行處傷其理。曰。以義爲見於所行。便是告子義外矣。義在内不在外。義所以度事亦是心度之。然此果何以别。蓋賊之罪重。殘之罪輕。仁義皆是心。仁是天理根本處。賊仁則大倫大法虧滅了。便是殺人底人一般。義是就一節一事上言。一事上不合宜。便是傷義。似手足上損傷一般。所傷者小。尚可以補。○慶源輔氏曰。賊之爲害深。殘之爲害淺。凶暴淫虐。指發於中者言。顛倒錯繆。指見於事者言。然發於中者必見於外。見於事者實生於心。絶滅天理。則是殄閼其本根。傷敗彝倫。則是損害其枝葉。衆叛親離。不復君之。此賊仁賊義衆惡皆備之證驗也。此事自君言之。則理所當然。自臣下言之則不得已之大變。故集註下文舉王勉之語。所以著萬世爲臣者之大戒。○新安陳氏曰。賊仁賊義細分之。有絶本根傷枝葉之殘。然仁義皆根於心。未有賊仁而不賊義者。所以下文只以殘賊之人總言其惡耳。孟子此言雖意在警齊王。然亦見英氣太露處。○王勉建安人曰。斯言也。惟在下者有湯武之仁，而在上者有桀紂之暴則可。不然，是未免於簒弑之罪也。雲峯胡氏曰：無孟子之說，無以警後世之爲人君者；無王氏之說，無以警後世之爲人臣者。然孟子曰：有伊尹之志則可，無伊尹之志則簒。王氏之說，未嘗不自孟子中來。

○孟子見齊宣王曰：「爲巨室，則必使工師求大木。工師得大木，則王喜，以爲能勝其任也。匠人斲而小之，則王怒，以爲不勝其任矣。夫人幼而學之，壯而欲行之。王曰：『姑舍女所學而從我』，則何如？勝，平聲。夫，音扶。舍，上聲。女，音汝，下同。

巨室，大宮也。工師，匠人之長。上聲。匠人，衆工人也。姑，且也。言賢人所學者大，而王欲小之也。

今有璞玉於此，雖萬鎰，必使玉人彫琢之。至於治國家，則

曰姑舍女所學而從我則何以異於教玉人彫琢玉哉鎰音溢

璞玉之在石中者。鎰二十兩也趙氏曰。國語云二十四兩爲鎰。趙岐誤註。集註因之。○東陽許氏曰。萬鎰。謂璞玉之價直萬鎰之金也玉人。玉工也。不敢自治而付之能者。愛之甚也。治國家則徇私欲而不任賢。是愛國家不如愛玉也雙峯饒氏曰。兩箇譬喻是兩意。前譬是說任賢不如任匠。後譬是說愛國不如愛玉○范氏曰。古之賢者。常患人君不能行其所學。而世之庸君。亦常患賢者不能從其所好。去聲是以君臣相遇。自古以爲難。孔孟終身而不遇。蓋以此耳新安陳氏曰。前譬王欲小用賢者。後譬王不專用賢者。所以不能用賢。皆己之私欲害之。庸君必不能行賢者之所學。賢者必不肯

從庸君之所好此遇合所以難也

○齊人伐燕勝之

按史記燕平聲王噲音快讓國於其相去聲子之而國大亂齊因伐之燕士卒不戰城門不閉遂大勝燕史記燕世家燕王噲用其相子之蘇代爲齊使於燕以事激燕王以尊子之於是燕王大信子之鹿毛壽謂燕王不如以國讓相子之人之謂堯賢者以其讓天下於許由許由不受有讓天下之名而實不失天下今王以國讓於子之子之必不敢受是王與堯同行也燕王因屬國於子之子之南面行王事而噲老不聽政顧爲臣國事皆決於子之三年國大亂百姓恫恐將軍市被與太子平謀將攻子之諸將謂齊湣王曰因而赴之破燕必矣齊王令人告燕太子太子因與市被圍公宮攻子之不克將軍市被及百姓反攻太子平市被死以徇因構難數月死者數萬衆人恫恐百姓離怨孟軻謂齊王曰今伐燕此文武之時不可失也王因令章子將五都之兵因北地之衆以伐燕

士卒不戰。城門不閉。燕王噲死。齊大勝燕。子之亡。二年而燕人共立太子平。是爲燕昭王。

宣王問曰。或謂寡人勿取。或謂寡人取之。以萬乘之國伐萬乘之國。五旬而舉之。人力不至於此。不取必有天殃。取之何如。乘去聲下同

以伐燕爲宣王事。與史記諸書不同。已見形甸反序說。向氏曰。萬乘之國。非諸侯之制也。今燕齊互相侵奪而皆有之。故以萬乘之齊伐萬乘之燕。勢均力敵。但以五旬而即舉之。若以人力論之。不能至於如此之易。意者其天乎。不取必有天殃。齊王本有利燕之心。特託天而遂其私耳。孟子之對。則不歸之天而歸之人。

孟子對曰。取之而燕民悅。則取之。古之人有行之者。武王是也。取之而燕民不悅。則勿取。古之人有行之者。文王是

也

商紂之世。文王三分天下有其二。以服事商。至武王十三年。乃伐紂而有天下。張子曰。此事間不容髮。一日之間。天命未絶。則是君臣。當日命絶。則爲獨夫。然命之絶否。何以知之。人情而已。諸侯不期而會者八百。武王安得而止之哉。朱子曰。此亦是齊王欲取燕。故引之於文武之道。非謂文王欲取商。以商人不悅而止。武王見商人悅。已遂取之也。直是論其理如此耳。○慶源輔氏曰。文王武王豈有一毫利天下之心哉。亦順天命而不敢違焉耳。而張子之說。爲尤嚴。所謂間不容髮之際。非理明義精德至聖人者。孰能處之而無愧哉。纔有一毫利心。則失之矣。然其命之絶否。則亦不過察於人情。又與孟子之言。實相表裏也。

以萬乘之國伐萬乘之國。簞食壺漿以迎王師。豈有他哉。

避水火也如水益深如火益熱亦運而已矣簞音丹食音嗣

簞竹器食飯也運轉也言齊若更爲暴虐則民將轉而望救於他人矣○趙氏曰征伐之道當順民心民心悅則天意得矣新安陳氏曰齊王言天命孟子欲其以人心觀天命欲知天命當觀人心欲得人心當施仁政燕之可取不可取決之以此足矣惟仁可以易暴燕人避燕之虐望齊之仁而歸之齊苟不施仁而益暴得非以暴易暴而益甚之乎蓋警之也

○齊人伐燕取之諸侯將謀救燕宣王曰諸侯多謀伐寡人者何以待之孟子對曰臣聞七十里爲政於天下者湯是也未聞以千里畏人者也

千里畏人指齊王也新安陳氏曰七十里爲政千里畏人立兩句爲柱下文分兩節應之

書曰湯一征自葛始天下信之東面而征西夷怨南面而征北狄怨曰奚爲後我民望之若大旱之望雲霓也歸市者不止耕者不變誅其君而弔其民若時雨降民大悅書曰徯我后后來其蘇（霓五稽反　徯胡禮反）

兩引書皆商書仲虺（許偉反）之誥文也與今書文亦小異一征初征也天下信之信其志在救民不爲暴也奚爲後我言湯何爲不先來征我之國也霓虹也雲合則雨虹見（形甸反）則止變動也徯待也后君也蘇復生也他國之民皆以湯爲我君而待其來使己得蘇息也此言湯所以七十里而爲政於天下也

今燕虐其民，王往而征之，民以爲將拯己於水火之中也，簞食壺漿以迎王師。若殺其父兄，係累其子弟，毀其宗廟，遷其重器，如之何其可也？天下固畏齊之彊也，今又倍地而不行仁政，是動天下之兵也。累，力追反。

拯，救也。係累，縶縛也。重器，寶器也。畏，忌也。倍地，并去聲燕而增一倍之地也。齊之取燕，若能如湯之征葛，則燕人悅之，而齊可爲政於天下矣。今乃不行仁政而肆爲殘虐，則無以慰燕民之望，而服諸侯之心，是以不免乎以千里而畏人也。

王速出令，反其旄倪，止其重器，謀於燕衆，置君而後去之，

則猶可及止也。旄與耄同。倪五稽反

反。還也。旄。老人也。倪。小兒也。謂所虜略之老小也。猶尚

也。及止。及其未發而止之也。雙峯饒氏曰。當時只是子噲子之爲亂。燕民自無罪。

齊王只當誅子噲子之。別立君而去。亦不當取他國。這時只當定亂。定亂者取其亂者而誅之。如湯十一征。不是

全滅其國。取之則是蹊田而奪之牛。齊王殺其父兄。係累其子弟。毀其宗廟。遷其重器。是滅其國了。○新安陳

氏曰。此是爲齊畫一策。如此區處。畧無所利於燕。庶幾湯誅君弔民。非富天下之爲。則可逆止諸侯之兵矣。

○范氏曰。孟子事齊梁之君。論道德則必稱堯舜。論征

伐則必稱湯武。蓋治民不法堯舜。則是爲暴。行師不法

湯武。則是爲亂。豈可謂吾君不能而舍上聲所學以徇之

哉。慶源輔氏曰。范氏發明孟子此意甚好。蓋莫非道也。而堯舜之道則正道也。莫非師也。而湯武之師則天

討也。集註又益以豈可謂吾君不能而舍所學以徇之哉一句。尤爲有功於學者。此萬世臣子事君之大法也

○鄒與魯鬨。穆公問曰。吾有司死者三十三人。而民莫之死也。誅之則不可勝誅。不誅則疾視其長上之死而不救。如之何則可也。鬨胡弄反勝平聲長上聲下同

鬨。鬭聲也。穆公。鄒君也。不可勝誅。言人衆不可盡誅也。長上。謂有司也。民怨其上。故疾視其死而不救也

孟子對曰。凶年饑歲。君之民老弱轉乎溝壑。壯者散而之四方者幾千人矣。而君之倉廩實。府庫充。有司莫以告。是上慢而殘下也。曾子曰。戒之戒之。出乎爾者。反乎爾者也。夫民今而後得反之也。君無尤焉。幾上聲夫音扶

轉。飢餓輾展音展轉而死也。充。滿也。上。謂君及有司也。尤。過也。

君行仁政，斯民親其上，死其長矣。

君不仁而求富，是以有司知重斂力驗反而不知恤民。故君行仁政，則有司皆愛其民，而民亦愛之矣。新安陳氏曰：有司所以然者，皆君不行仁政之故。孟子對鄒君言，故畧有司而專勉君，正本之論也。○范氏曰：書曰：民惟邦本，本固邦寧。夏書五子之歌篇有倉廩府庫，所以爲去聲民也。豐年則斂之，凶年則散之。恤其飢寒，救其疾苦。是以民親愛其上，有危難去聲則赴救之，如子弟之衛父兄，手足之捍音汗頭目也。穆公不能反己，猶欲歸罪於民，豈不誤哉。南軒張氏曰。有司視民之死而不救。故民視有司之死而亦莫之救。所以爲得反之也。君行仁政而以民爲心。民亦將以君爲心。而親其上死其長矣。此感應之理也。曾子戒之之語。非特爲人上者不可須臾忘。檢身者亦當深體之。○新安陳氏曰。上之愛民如父母之於子。則民之衛上如子弟之衛父兄。鄒君知罪民而不知反己。孟子惟以行仁政勉之。而誅不誅忘言焉。得反之之意。凜然可畏。真深切之論。死其長如回何敢死之死。謂忘身救上。死且不避也。平時親其上。當危難則死其長。

○滕文公問曰。滕小國也。間於齊楚。事齊乎。事楚乎。間去聲

滕國名

孟子對曰。是謀非吾所能及也。無已則有一焉。鑿斯池也。築斯城也。與民守之。效死而民弗去。則是可爲也。

無已見形甸反前篇。一謂一說也。效猶致也。國君死社稷。

禮記曲禮。國君死社稷。大夫死衆。士死制。衆謂師衆。大夫率師。敗則死之。制。謂命令。士受命。或迫以死。寧死而不可棄君命也故致死以守國。至於民亦爲去聲之死守而不去。則非有以深得其心者不能也。○此章言有國者當守義而愛民。不可僥倖而苟免。南軒張氏曰。與其望二國矜己以求安。不若思所以自強而立國。鑿池築城與民效死以守之。是在我所當爲之事。爲吾所當爲而已。然固國以得民爲本。民心不附。雖有金城湯池。誰與守之。使民效死而不忍去。非得之有素不能然也。○慶源輔氏曰。築城鑿池致死以守者。守義也。使民亦爲之死守而不去。則非愛民者不能也。若夫間於二國而徒欲擇強者而事之。以覬一日之安。則是僥倖苟免而已。○雲峯胡氏曰。不守義。不能效死而不去。不愛民。不能使民亦效死而不去。○新安陳氏曰。守義。守死社稷之義以倡其民也。愛民當在平時○城池。地利也。民弗去。人和也。復致死而守義以倡之。此守國之正法也

○滕文公問曰齊人將築薛吾甚恐如之何則可

薛國名近滕齊取其地而城之故文公以其偪（與逼同筆力反）己而恐也

孟子對曰昔者大王居邠狄人侵之去之岐山之下居焉非擇而取之不得已也（邠與豳同）

邠地名言大王非以岐下爲善擇取而居之也詳見（形甸反）下章

苟爲善後世子孫必有王者矣君子創業垂統爲可繼也若夫成功則天也君如彼何哉彊爲善而已矣（夫音扶彊上聲）

創造也統緒也言能爲善則如大王雖失其地而其後

世遂有天下。乃天理也。然君子造基業於前。而垂統緒於後。但能不失其正。令平聲後世可繼續而行耳。若夫成功。則豈可必乎。彼。齊也。君之力既無如之何。則但彊於爲善。使其可繼而俟命於天耳。○此章言人君當竭力於其所當爲。不可徼幸與僥倖通於其所難必。朱子曰。孟子言若夫成功則天也。君如彼何哉。彊爲善而已矣。初無望報之心也。苟爲善。後世子孫必有王者矣。乃爲太王避狄而言。易大傳曰。積善之家必有餘慶。書曰。作善降之百祥。亦豈望報乎。○南軒張氏曰。所謂爲善。循天理而不爲己私也。爲善者初不期後世之有王。而必有王者。理則然也。開久大之基。爲其可繼者而已。而不必其成功也。若有期於成功之意。則欲速而見利。私意一生。無復可繼之實矣。○雲峯胡氏曰。集註兩章皆言不可僥倖。大凡僥倖者。不爲夫理之所當爲。而徒覬夫意外之得者也。前章是守義愛民。當盡其在我者。而不可僥倖其在人者。

此章是勉强爲善當盡其在我者而不可僥倖其在天者

○滕文公問曰滕小國也竭力以事大國則不得免焉如之何則可孟子對曰昔者大王居邠狄人侵之事之以皮幣不得免焉事之以犬馬不得免焉事之以珠玉不得免焉乃屬其耆老而告之曰狄人之所欲者吾土地也吾聞之也君子不以其所以養人者害人二三子何患乎無君我將去之去邠踰梁山邑于岐山之下居焉邠人曰仁人也不可失也從之者如歸市屬音燭

皮謂虎豹麋鹿之皮也幣帛也屬會集也土地本生物以養人今爭地而殺人是以其所以養人者害人也邑

作邑也。歸市人衆而爭先也。南軒張氏曰：太王之言忠厚不迫。其遷本以全民。不敢必民之歸而強之從也。曰二三子何患乎無君。此天地之心。真保民之主也。民心自不容釋乎太王。戴其仁有素矣。然太王之事。非德盛而達權不足以與此。○東陽許氏曰：太王自邠遷岐。民從之如歸市。史所謂居三月成城郭。一年成邑。三年成都。而民五倍其初。蓋非獨邠民。近於岐周之民皆歸之也。當時西方地近戎狄。皆間隙之地。非封國之疆界。故太王得優游遷徙。若滕在中國。又介大國之間。無可遷之地。民雖或從之。亦無所往。孟子特舉太王之得民以警文公爾。故下文言效死乃其正也。

或曰世守也。非身之所能爲也。效死勿去。

又言或謂土地乃先人所受而世守之者。非己所能專。但當致死守之。不可舍（上聲）去。此國君死社稷之常法。傳（去聲）所謂國滅君死之。正也。正謂此也。公羊傳。襄公六年十有二月。齊侯滅萊。昌爲不言萊君出奔。國滅君死之。正也。不書殺萊君者。舉滅國爲重。

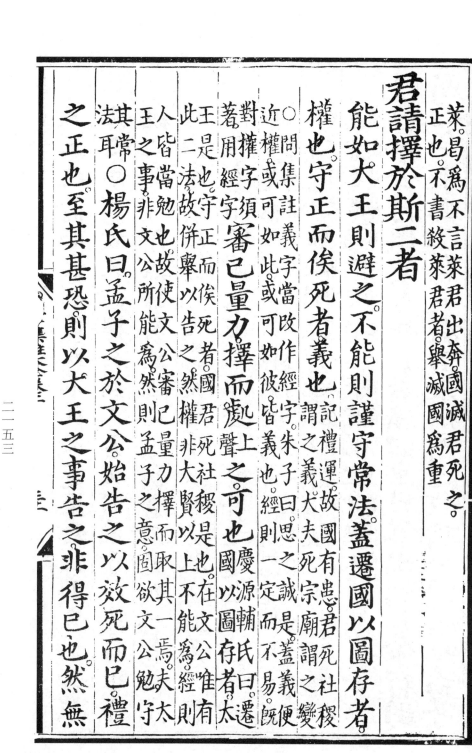

君請擇於斯二者

能如大王則避之。不能則謹守常法。蓋遷國以圖存者權也。守正而俟死者義也。記禮運。故國有患。君死社稷謂之義。大夫死宗廟謂之變。○問集註義字當改作經字。朱子曰。思之誠是。蓋義便近權。或可如此。或可如彼。皆義也。經則一定而不易。既對權字。須著用經字。審己量力。擇而處上聲之可也。慶源輔氏曰。遷國以圖存者。太王是也。守正而俟死者。國君死社稷是也。在文公唯有此二法。故併舉以告之。然權非大賢以上不能。爲經則人皆當勉也。故使文公審己量力。擇而取其一焉。夫太王之事。非文公所能爲。然則孟子之意。固欲文公勉守其常法耳。○楊氏曰。孟子之於文公。始告之以效死而已。禮之正也。至其甚恐。則以大王之事告之。非得已也。然無大王之德而去。則民或不從而遂至於亡。則又不若效死之爲愈。故又請擇於斯二者。又曰。孟子所論自世俗觀之。則可謂無謀矣。然理之可爲者不過如此。舍（上聲）此則必爲儀秦（張儀蘇秦）之爲矣。凡事求可功求成。取必於智謀之末。而不循天理之正者。非聖賢之道也（問孟子對滕文公二段皆是無可奈何。只得勉之爲善之辭。想見滕國至弱都主張不起。故如此。朱子曰。滕是必亡無可疑者。況王政不是一日行得底事。他又界在齊楚之間。二國視之如太山之壓雞卵耳。若教他粗成次第。此二國亦必不見容也。若湯文之興。皆在空間之地。無人來覰他。故日漸盛大。若滕則實是難保也）

○魯平公將出。嬖人臧倉者請曰。他日君出。則必命有司所之。今乘輿已駕矣。有司未知所之。敢請。公曰。將見孟子。

曰何哉君所爲輕身以先於匹夫者以爲賢乎禮義由賢者出而孟子之後喪踰前喪君無見焉公曰諾乘去聲

乘輿君車也駕駕馬也孟子前喪父後喪母踰過也言其厚母薄父也諾應辭也新安陳氏曰平公將見孟子必得之於樂克所以沮於臧倉後克入見審問不見之故

樂正子入見曰君奚爲不見孟軻也曰或告寡人曰孟子之後喪踰前喪是以不往見也曰何哉君所謂踰者前以士後以大夫前以三鼎而後以五鼎與曰否謂棺槨衣衾之美也曰非所謂踰也貧富不同也入見之見音現與平聲

樂正子孟子弟子也雙峯饒氏曰樂正是樂官之長恐其先世曾作樂官來子孫遂以爲

姓。樂正裘亦是一人。以此見樂正是姓。如司馬亦是因官以爲姓。仕於魯。三鼎士祭禮。五鼎。大夫祭禮。雙峯饒氏曰。五鼎是大夫之禮。羊豕魚腊膚。三鼎是士之禮。特豕魚腊

樂正子見孟子曰。克告於君。君爲來見也。嬖人有臧倉者沮君。君是以不果來也。曰。行或使之。止或尼之。行止非人所能也。吾之不遇魯侯。天也。臧氏之子焉能使予不遇哉。爲去聲。沮慈呂反。尼女乙反。焉於虔反。

克。樂正子名。沮尼。皆止之之意也。言人之行。必有人使之者。其止。必有人尼之者。然其所以行所以止。則固有天命。而非此人所能使。亦非此人所能尼也。然則我之不遇。豈臧倉之所能爲哉。○此章言聖賢之出處。上聲關

時運之盛衰。乃天命之所爲。非人力之可及。龜山楊氏曰。孟子之遇不遇。治亂興衰之所繫。天實爲之。非人所能也。夫何怨尤之有。○范氏曰。在孟子可以言天。在魯侯不可以言天。賢者在己者有義。在天者有命。脩其在己而聽其在天。至於人君則當尊用賢德。奉行天命。不當諉之天也。○慶源輔氏曰。章旨之說。深得聖賢出處之道。○樂正子亦未免以世俗之心窺孟子。故孟子以此發之。○雙峯饒氏曰。孔子有兩說。道之將行也與命也。道之將廢也與命也。與孟子此章一同。皆取必於天。天之將喪斯文也。後死者不得與於斯文也。天之未喪斯文也。匡人其如予何。這是取必於己。言天既欲喪斯文。必不使我得與於斯文。天既使我得與於斯文。則是天必不喪斯文。一說是我之命係乎天。是以天爲主。一說是天命係乎我。是以我爲主。二者相爲賓主。那箇是聖人之言。這箇是賢人之言。孔子告子服景伯。是與常人說話。又低得一等

孟子集註大全卷之二